图书馆精选文丛

国学概论

章太炎 著 曹聚仁 整理

图书在版编目（CIP）数据

国学概论／章太炎著；曹聚仁整理. —北京：
生活·读书·新知三联书店，2021.1（2021.11 重印）
（图书馆精选文丛）
ISBN 978 – 7 – 108 – 06990 – 0

Ⅰ. ①国…　Ⅱ. ①章…②曹…　Ⅲ. ①国学－概论
Ⅳ. ① Z126

中国版本图书馆 CIP 数据核字（2020）第 219412 号

责任编辑　李静韬
装帧设计　刘　洋
责任印制　董　欢
出版发行　生活·讀書·新知 三联书店
　　　　　（北京市东城区美术馆东街 22 号 100010）
网　　址　www.sdxjpc.com
经　　销　新华书店
印　　刷　河北松源印刷有限公司
版　　次　2021 年 1 月北京第 1 版
　　　　　2021 年 11 月北京第 2 次印刷
开　　本　880 毫米 × 1230 毫米　1/32　印张 4.75
字　　数　92 千字
印　　数　6,001 – 9,000 册
定　　价　23.00 元
（印装查询：01064002715；邮购查询：01084010542）

写在前面

章炳麟（1869—1936 年），原名学乘，字枚叔，以纪念汉代辞赋家枚乘，后易名为炳麟，因反清意识浓厚，慕顾绛（顾炎武）的为人行事而改名为绛，号太炎，世人常称之为"太炎先生"。浙江余杭人，清末民初思想家、史学家、朴学大师、民族主义革命者。

章氏学问渊博，于学无所不窥，研究范围涉及小学、历史、哲学、政治等等，平生著述甚丰，现代学者胡文辉总结："要者如《訄书》、《检论》综观中国古今思想学术、政治社会；《国故论衡》总结传统的语言文字学、文学及诸子学；《菿汉微言》泛论佛学、易学、老庄、儒学。此外，《齐物论释》借佛教思想阐释《庄子·齐物论》，可算比较哲学的会通之作。"

这位古典形态的博学鸿儒，一生几次讲授国学，诲人不倦，黄侃、但焘、汪东、朱希祖、钱玄同、鲁迅、吴承仕等悉出其门下。本书即出自太炎先生于 1922 年 4—6 月在上海的国学演讲。其时太炎先生共做十讲，听讲者所录版本颇多，其中属曹聚仁所记载整理得最为详细系统。曹氏整理的《国学概论》共分《概论》、《经学之派别》、《哲学之派别》、《文学之派别》、《国学之进步》五部分。在《概论》中，章太炎将"国学概论分做两部研究"，一是国学的本体，认为"经史非神话"、"经典诸子非宗教"、"历史非小说传奇"；一是治国学的方法，即要"辨书籍的真伪"、"通小学"、"明地理"、"知古今人情的变迁"、"辨文学应用"。之后章太炎又从派别角度出发，分别对经学、哲学、文学追源溯流，系统阐述了各时期经学、哲学、文学的派别流变，如学术发展的特点、代表人物、代表著作等。最后，章太炎对讲演作结，提出国学不应故步自封，应以"比类知原"求经学之进步，以"直观自得"求哲学之进步，以"发情止义"求文学之进步。

《国学概论》包含不少真知灼见，有些观点，如今看来仍有价值。然而，任何见解都可以有不同的看法，我们应如曹聚仁所言，一方面"完全承受先生的讲演"，另一方面"用批评的眼光去观察"，故正文后又附有驳太炎先生"有韵为诗，无韵为文"等主张之文章四篇：《志疑》、《讨论白话诗》、《政治制度与政治精神》、《新诗管见》，提供读者另一种思考可能。

太炎先生久享"国学大师"之誉，学问艰深，所作文章其时就被戏称为天书，文字晦涩可见一斑，只有这本在讲演基础上整理成书的《国学概论》相对生动易懂，使普通读者有机会从中窥得章氏之学问一二，故纳入中学图书馆文库，以飨读者。本书先后多次再版重印，此次三联书店版以中华书局 2009 年"跟大师学国学"本为底本，另参考上海古籍出版社 1997 年版，勘正少量错讹。

生活·讀書·新知 三联书店编辑部

目
录

2

小　识

　　任在何时何地的学者，对于青年们有两种恩赐：第一，他运用精利的工具，辟出新境域给人们享受；第二，他站在前面，指引途径，使人们随着在轨道上走。因此可以说：学者是青年们的慈母——慈母是兼任饲育和扶持两种责任的。太炎先生是当代的学者，我们读他所著的《文始》、《国故论衡》、《齐物论释》、《新方言》、《小学问答》等书，就可明白他辟出多少灿烂的境地！先生以前在东京、北京，这次在上海，把国学为系统的讲明，更可见他对于青年们扶掖的热忱。我在听了讲演以后，心里自然有无限的感激；所以不计工拙，把先生的话记出。并且看到青年们有求知的热狂，而因时地关系，没能亲聆这次讲演的很多，所以又把记录的稿印出，希望传播得比较的普遍些。

　　在下文还申述些浅薄的见解。

学术界近来颇有研究国学的倾向，确是好的现状。但是大部分对于为什么要研究国学这个先决问题，还是持迷离混沌的态度，或者竟是盲从的。在讲演会中，第一次，就听到两种可怪的论调；在他们原以为是妥适的理由哩。

这两种论调是：

一、西洋人研究中国国学的很多；我们对于自己的国学，哪可不研究？

二、当代有太炎先生这么淹博的国学学者，我们哪可不赶快去研究？

持这般论调去研究国学，是很危险的。因为他们根本上没有明白国学是个什么，也没想到要去研究国学的原因；只不过因循地盲从，胡乱提倡些国学，做冒牌的圣人之徒，替青年造成进化的障壁！中国数千年来，不是没有讲论国学的人，却很少真正研究国学的人；所以国学愈讲愈失其真，荆棘蔽途，苦煞后生小子！在现在不研究国学也罢，否则非彻底了解研究国学的主因，便不能得着效果。

那么，我们究竟为什么要研究国学呢？可把他分做四层讲明：

国学在中国有数千年的历史。我们过去的智识，和他发生密切的因果关系；因此我们急要明白：国学的精华何在？他以后还有存在的价值没有？如果国学是腐败的骸骨，不该容他存留着，我们可赶快荡除净尽；如其中尚包藏着精金，也应从速发掘；决不可徬徨歧路，靡所适从。在取舍问题急待解决当中，非研究国学，别无解决的途径。这是第一层原因。

在我们以前，既没人曾把国学整理一下，到现在还仿佛一大堆乱书：政治、哲学、伦理、宗教，以及其他各种科学都包含着。我们既要明白其中究竟是怎样的，非坐待可以得到；及今用精力把他系统地整理起来，或者能够观察明白，使后人也得着好处。所以谋学术界的共同便利，也非将国学研究一下不可。这是第二层原因。

大部分青年感受着无限的苦痛：因为心里极明白适合人生真义的"新"，要想接受他；但社会上"旧"的势力膨胀到极点，稍一反动，灵肉两方面都得着痛苦。那旧的也不过借国学做护符——军阀和老顽固都把孔老夫子来撑门面——国学经过他们手里，已变成"糟粕形式、呆板教条"了。我们如不把国学的真面目抬出，他们决不敛形息声的；要找出国学的真面目，自然须下一番研究工夫。这是第三层原因。

我们对于西方文化固当合理的迎纳，但自己背后还有国学站着；这两种文化究竟如何使他沟通，也是目前要解决的问题。我们对于国学所含的原子不明白分析出来，如何能叫彼和别种化合？所以要先研究国学，才找得出沟通方法。这是第四层原因。

可见我们研究国学，决不是盲目的，原含着以上四种急迫的需求。太炎先生讲国学，的确是使我们满足求知欲望，并且是适应这四种需求的；且细看他讲的话，自然明白了。

但是，我们一方面完全承受先生的讲演，一方面却须用批评的眼光去观察，要记牢"我爱先生，我更爱真理"一语。

最后，我更对邵仲辉先生表示谢忱；因为稿中许多地方都承先生指正。

一九二二年六月一日聚仁识于上海

第一章 概　　论

我在东京曾讲演过一次国学，在北京也讲演过一次，今天是第三次了。国学很不容易讲，有的也实在不能讲，必须自己用心去读去看。即如历史，本是不能讲的，古人已说"一部十七史从何处说起"，现在更有二十四史，不止十七史了。即《通鉴》等书似乎稍简要一点，但还是不能讲；如果只像说大书那般铺排些事实，或讲些事实夹些论断，也没甚意义。所以这些书都靠自己用心去看，我讲国学，只能指示些门径和矫正些近人易犯的毛病。今天先把"国学概论"分做两部研究：

甲、国学之本体

一、经史非神话

二、经典诸子非宗教

三、历史非小说传奇

甲、国学之本体

一、经史非神话

在古代书籍中，原有些记载是神话；若《山海经》、《淮南子》中所载，我们看了，觉得是怪诞极了。但此类神话，在王充《论衡》里已有不少被他看破，没有存在的余地了。而且正经正史中本没有那些话，如盘古开天辟地，天皇、地皇、人皇等，正史都不载。又如"女娲炼石补天"、"后羿射日"那种神话，正史里也都没有。经史所载，虽在极小部分中还含神秘的意味，大体并没神奇怪离的论调。并且，这极小部分的神秘记载，也许使我们得有理的解释。

《诗经》记后稷的诞生，颇似可怪。因据《尔雅》所释"履帝武敏"，说是他的母亲，足蹈了上帝的拇指得孕的。但经毛公注释，训帝为皇帝，就等于平常的事实了。

《史记·高帝本纪》，说高祖之父太公，雷雨中至大泽，见神龙附高祖母之身，遂生高祖。这不知是太公捏造这话来骗人，还是高祖自造。即使太公真正看见如此，我想其中也可假托。记得湖北曾有一件奸杀案："一个奸夫和奸妇密议，得一巧法，在雷雨当中，奸夫装成雷公怪形，从屋脊而下，活活地把本夫打杀。"高祖的事，也许是如此。他母亲和人私通，奸夫饰做龙怪的样儿，太公自然不敢进去了。

从前有人常疑古代圣帝贤王都属假托；即如《尧典》所说"钦明文思安安，克明俊德……"等等的话，有人很怀疑，以为那个时候的社会，哪得有像这样的完人。我想，古代史家叙太古的事，不能详叙事实，往往只用几句极混统的话做"考语"，这种考语原最容易言过其实。譬如今人做行述，遇着没有事迹可记的人，每只用几句极好的考语；《尧典》中所载，也不过是一种"考语"，事实虽不全如此，也未必全不如此。

《禹贡》记大禹治水，八年告成；日本有一博士，他说："后世凿小小的运河，尚须数十年或数百年才告成功，他治这么大的水，哪得如此快？"因此，也疑禹贡只是一种奇迹。我却以为大禹治水，他不过督其成，自有各部分工去做；如果要亲身去，就游历一周也不能，何况凿成！在那时人民同受水患，都有切身的苦痛，免不得合力去做，所以"经之营之，不日成之"了。《禹贡》记各地土地腴瘠情形，也不过依报告录出，并不必由大禹亲自调查的。

太史公作《五帝本纪》，择其言尤雅驯者，可见他述的确实；我们翻看经史中，却也没载盘古、三皇的事；所以经史并非神话。

其他经史以外的书，若《竹书纪年》、《穆天子传》，确有可疑者在。但《竹书纪年》今存者为明代伪托本，可存而不论。《穆天子传》也不在正经正史之列，不能以此混彼。后世人往往以古书稍有疑点，遂全目以为伪，这是错了！

二、经典诸子非宗教

经典诸子中有说及道德的，有说及哲学的，却没曾说及宗教。近代人因为佛经及耶教的《圣经》都是宗教，就把国学里的"经"，也混为一解，实是大误。"佛经"、"圣经"的那个"经"字，是后人翻译时随意引用，并不和"经"字原意相符。经字原意只是一经一纬的经，即是一根线，所谓经书只是一种线装书罢了。明代有线装书的名目，即别于那种一页一页散着的八股文墨卷，因为墨卷没有保存的价值，别的就称做线装书了。古代记事书于简。不及百名者书于方，事多一简不能尽，遂连数简以记之。这连各简的线，就是"经"。可见"经"不过是当代记述较多而常要翻阅的几部书罢了。非但没含宗教的意味；就是汉时训"经"为"常道"，也非本意。后世疑经是经天纬地之经，其实只言经而不言天，便已不是经天的意义了。

中国自古即薄于宗教思想，此因中国人都重视政治；周时诸学者已好谈政治，差不多在任何书上都见他们政治的主张。这也是环境的关系：中国土地辽广，统治的方法，急待研究，比不得欧西地小国多，没感着困难。印度土地也大，但内部实分着许多小邦，所以他们的宗教易于发达。中国人多以全力着眼政治，所以对宗教很冷淡。

老子很反对宗教，他说："以道莅天下，其鬼不神。"孔子对于宗教，也反对；他虽于祭祀等事很注意，但我们味"祭神如神在"的"如"字的意思，他已明白告诉我们是没有神的。《礼记》一书很考究祭祀；这书却又出自汉代，未必是可靠。

祀天地社稷，古代人君确是遵行；然自天子以下，就没有与祭的身份。须知宗教是须普及于一般人的，耶稣教的上帝，是给一般人膜拜的；中国古时所谓天，所谓上帝，非人君不能拜，根本上已非宗教了。

九流十家中，墨家讲天、鬼，阴阳家说阴阳生克，确含宗教的

臭味；但墨子所谓天，阴阳家所谓"龙"、"虎"，却也和宗教相去
很远。

就上讨论，我们可以断定经典诸子非宗教。

三、历史非小说传奇

后世的历史，因为辞采不丰美，描写不入神，大家以为是记实
的；对于古史，若《史记》、《汉书》，以其叙述和描写的关系，引
起许多人的怀疑：

《刺客列传》记荆轲刺秦王事，《项羽本纪》记项羽垓下之败，
真是活龙活现；大家看了，以为事实上未必如此，太史公并未眼
见，也不过如《水浒传》里说武松、宋江，信手写去罢了。实则太
史公作史择雅去疑，慎之又慎。像伯夷、叔齐的事，曾经孔子讲
及，所以他替二人作传；那许由、务光之流，就缺而不录了。项
羽、荆轲的事迹，昭昭在人耳目，太史公虽没亲见，但传说很多，他
就可凭着那传说写出了。《史记》中详记武略，原不止项羽一人；
但若夏侯婴、周勃、灌婴等传，对于他们的战功，只书得某城，斩首
若干级，升什么官，竟像记一笔账似的；这也因没有特别的传说，
只将报告记了一番就算了。如果太史公有意伪述，那么《刺客列
传》除荆轲外，行刺的情形，只曹沫、专诸还有些叙述，豫让、聂政

等竟完全略过，这是什么道理呢？《水浒传》有百零八个好汉，所以施耐庵不能个个描摹，《刺客列传》只五个人，难道太史公不能逐人描写么？这都因荆轲行刺的情形有传说可凭，别人没有，所以如此的。

"商山四皓"一事，有人以为四个老人哪里能够使高祖这样听从，《史记》所载未必实。但须知一件事情的成功，往往为多数人所合力做成，而史家常在甲传中归功于甲，在乙传中又归功于乙。汉惠免废，商山四皓也是有功之一，所以在《留侯世家》中如此说，并无可疑。

史书原多可疑的地方，但并非像小说那样的虚构。如刘知几《史通》曾疑更始刮席事为不确；因为更始起自草泽时，已有英雄气概，何至为众所拥立时，竟羞惧不敢仰视而以指刮席呢？这大概是光武一方面诬蔑更始的话。又如史书写王莽竟写得同呆子一般，这样愚呆的人怎能篡汉？这也是因汉室中兴，对于王莽当然特别贬斥。这种以成败论人的习气，史家在所不免，但并非像小说的虚构。

考《汉书·艺文志》已列小说于各家之一，但那只是县志之类，如所谓《周考》、《周纪》者。最早是见于《庄子》，有"饰小说以干县令"一语。这所谓"小说"，却又指那时的小政客不能游说六国侯王，只能在地方官前说几句本地方的话。这都和后世小说不同。刘宋时有《世说新语》一书，所记多为有风趣的魏晋人的言行；但和正史不同的地方，只时日多颠倒处，事实并非虚构。唐人始多笔记小说，且有因爱憎而特加揄扬或贬抑者，去事实稍远；《新唐书》因《旧唐书》所记事实不详备，多采取此等笔记。但司马温公作《通鉴》对于此等事实必由各方面搜罗证据，见有可疑者即删去，可见作史是极慎重将事的。最和现在小说相近的是宋代的《宣和遗事》，彼记宋徽宗游李师师家，写得非常生动，又有宋江等三十六人，大约《水浒传》即脱胎于此书。古书中全属虚构者也非没有，但多专记神仙鬼怪，如唐人所辑《太平广记》之类；这与《聊斋志异》相当，非《水浒传》可比，而且正史中也向不采取。所以正史中虽有些叙事很生动的地方，但决与小说、传奇不同。

乙、治国学之方法

一、辨书籍的真伪

对于古书没有明白哪一部是真，哪一部是伪，容易使我们走入迷途；所以研究国学第一步要辨书籍的真伪。

四部的中间，除了集部很少假的；其余经、史、子三部都包含着很多的伪书，而以子部为尤多。清代姚际恒《古今伪书考》，很指示我们一些途径。

先就经部讲：《尚书》现代通行本共有五十八篇；其中只有三十三篇是汉代时的"今文"所有，另二十五篇都是晋代梅颐所假造。这假造的《尚书》，宋代朱熹已经怀疑他，但没曾寻出确证；直到清代，才明白地考出，却已雾迷了一千多年。经中尚有为明代人所伪托，如"汉魏丛书"中的《子贡诗传》系出自明丰坊手。诠释经典之书，也有后人伪托，如孔安国《尚书传》、郑氏《孝经注》、《孟子孙奭疏》之类，都是晋代的产品。不过"伪古文尚书"和"伪孔传"，比较的有些价值，所以还引起一部分人一时间的信仰。

以史而论，正史没人敢假造，别史中就有伪书。《越绝书》，汉代袁康所造，而托名子贡；宋人假造《飞燕外传》、《汉武内传》，而列入"汉魏丛书"；《竹书纪年》本是晋人所得，原已难辨真伪，而近代通行本，更非晋人原本，乃是明人伪造的了。

子部中伪书很多，现在举其最著者六种，前三种尚有价值，后三种则全不足信。

（一）《吴子》　此书中所载器具，多非当时所有；想是六朝产品。但从前科举时代把他当作"武经"，可见受骗已久。

（二）《文子》 《淮南子》为西汉时作品，而《文子》里面大部分抄自《淮南子》，可见本书系属伪托；已有人证明他是两晋六朝人做的。

（三）《列子》 信《列子》的人很多，这也因本书做得不坏，很可动人的原故。须知列子这个人虽见于《史记·老庄列传》中，但书中所讲，多取材于佛经，"佛教"在东汉时始入中国，哪能在前说到？我们用时代证他，已可水落石出。并且《列子》这书，汉人从未有引用一句，这也是一个明证。造《列子》的也是晋人。

（四）《关尹子》 这书无足论。

（五）《孔丛子》 这部书是三国时王肃所造。《孔子家语》一书也是他所造。

（六）《黄石公三略》 唐人所造。又《太公阴符经》一书，出现在《黄石公三略》之后，系唐人李筌所造。

经、史、子三部中的伪书很多，以上不过举个大略。此外，更有原书是真而后人参加一部分进去的，这却不能疑他是假。《四子书》中有已被参入的；《史记》中也有，如《史记》中曾说及扬雄，扬在太史公以后，显系后人加入，但不能因此便疑《史记》是伪书。

总之，以假为真，我们就要陷入迷途，所以不可不辨别清楚。

但反过来看，因为极少部分的假，就怀疑全部分，也是要使我们徬徨无所归宿的。如康有为以为汉以前的书都是伪的，都被王莽、刘歆改窜过，这话也只有他一个人这样说。我们如果相信他，便没有可读的古书了。

二、通小学

韩昌黎说："凡作文章宜略识字"；所谓"识字"，就是通小学的意思。作文章尚须略通小学，可见在现在研究古书，非通小学是无从下手的了。小学在古时，原不过是小学生识字的书；但到了现代，虽研究到六七十岁，还有不能尽通；何以古易今难至于如此呢？这全是因古从今语言变迁的缘故。现在的小学，是可以专门研究的，但我所说的"通小学"，却和专门研究不同；因为一方面要研究国学，所以只能略通大概了。

《尚书》中《盘庚》、《洛诰》，在当时不过一种告示，现在我们读了，觉得"佶屈聱牙"，这也是因我们没懂当时的白话，所以如此。《汉书·艺文志》说："《尚书》直言也。"直言就是白话。古书原都用当时的白话，但我们读《尚书》，觉得格外难懂，这或因《盘庚》、《洛诰》等都是一方的土话，如殷朝建都在黄河以北，周朝建都在陕西，用的都是河北的土话，所以比较的不能明白。《汉书·艺文志》又说，"读《尚书》应用《尔雅》"，这因《尔雅》是诠释当时土话的书，所以《尚书》中于难解的地方，看了《尔雅》就可明白。

总之，读唐以前的书，都非研究些小学，不能完全明白；宋以后的文章和现在差不多，我们就能完全了解了。

研究小学有三法：

一、通音韵　古人用字，常同音相通；这大概和现在的人写别字一样。凡写别字都是同音的，不过古人写惯了的别字，现在不叫他写别字罢了。但古时同音的字，现在多不相同，所以更难明白。我们研究古书，要知道某字即某字之转讹，先要明白古时代的音韵。

二、明训诂　古时训某字为某义，后人更引伸某义转为他义；可见古义较狭而少，后义较广而繁。我们如不明白古时的训诂，误以后义附会古义，就要弄错了。

三、辨形体　近体字中相像的，在篆文未必相像，所以我们要明古书某字的本形，以求古书某字的某义。

历来讲形体的书，是《说文》；讲训诂的是《尔雅》；讲音韵的书，是《音韵学》。如能把《说文》、《尔雅》、《音韵学》都有明确的观念，那么，研究国学就不至犯那"意误"、"音误"、"形误"等弊病了。

宋朱熹一生研究"五经"、《四子》诸书，连寝食都不离，可是纠缠一世，仍弄不明白；实在他在小学没有工夫，所以如此。清代毛西河（按名奇龄）事事和朱子反对，但他也不从小学下手，所以反对的论调，也都错了。可见通小学对于研究国学是极重要的一件事了。清代小学一门，大放异彩，他们所发见的新境域，着实不少！

三国以下的文章，十之八九我们能明了，其不能明了的部分，就须借助于小学；唐代文家如韩昌黎、柳子厚的文章，虽是明白晓畅，却也有不能了解的地方。所以我说，看唐以前的文章，都要先研究一些小学。

桐城派也懂得小学，但比较的少用工夫，所以他们对于古书中不能明白的字，便不引用，这是消极的免除笑柄的办法，事实上总行不去的。

哲学一科，似乎可以不通小学，但必专凭自我的观察，由观察而发表自我的意思，和古人完全绝缘，那才可以不必研究小学。倘仍要凭借古人，或引用古书；那么，不明白小学就要闹笑话了。比如朱文公研究理学（宋之理学即哲学），释"格物"为"穷至事物之理"，便召非议。在朱文公原以"格"可训为"来"，"来"可训为"至"，"至"可训为"极"，"极"可训为"穷"，就把"格物"训为"穷物"；可是训"格"为"来"是有理，辗转训"格"为"穷"，就是笑话了。又释"敬"为"主一无适"之谓（这原是程子说的），他的意思是把"适"训作"至"；不知古时"适"与"敌"通，《淮南子》中的主"无适"，所谓"无适"实是"无敌"之谓，"无适"乃"无敌对"的意义，所以说是"主一"。

所以研究国学，无论读古书或治文学、哲学，通小学都是一件紧要的事。

三、明地理

近顷所谓"地理"，包含地质、地文、地志三项，原须专门研究的。中国本来的地理，算不得独立的科学，只不过做别几种（史、经）的助手，也没曾研究到地质、地文的。我们现在要研究国学，所需要的也只是地志，且把地志讲一讲。

地志可分两项：天然的和人为的。天然的就是山川脉络之类；山自古至今，没曾变更；大川若黄河，虽有多次变更，我们在历史上可以明白考出；所以，关于天然的，比较的容易研究。人为的就是郡县建置之类；古来封建制度至秦改为郡县制度，已是变迁极大，数千年来，一变再变，也不知经过多少更张；那秦汉时代所置的郡，现在还能大略考出，所置的县就有些模糊了；战国时各国的地界，也还可以大致考出，而各国战争的地点和后来楚汉战争的地点，却也很不明白了；所以，人为的比较的难以研究。

历来研究天然的，在乾隆时有《水道提纲》一书；书中讲山的地方甚少，关于水道，到现在也变更了许多，不过大致是对的。在《水道提纲》以前，原有《水经注》一书，这书是北魏人所著，事实上已用不着，只文采丰富，可当古董看罢了。研究人为的，有《读史方舆纪要》和《乾隆府厅州县志》；民国代兴，废府留县，新置的县也不少，因此更大有出入。在《方舆纪要》和《府厅州县志》以前，唐人有《元和郡县志》，也是研究人为的，只是欠分明。另外还有《大清一统志》、《李申耆五种》，其中却有直截明了的记载，我们应该看的。

我们研究国学，所以要研究地理者，原是因为对于地理没有明白的观念，看古书就有许多不能懂。譬如看到春秋战国的战争和楚汉战争，史书上已载明谁胜谁败；但所以胜所以败的原因，关于形势的很多，就和地理有关了。

二十四史中，古史倒还可以明白，最难研究的，要推《南北史》和《元史》。东晋以后，五胡闯入内地，北方的人士，多数南迁；他们数千人所住的地，就侨置一州；侨置的地方，大都在现在镇江左近；因此有南通州、南青州、南冀州的地名产生。我们研究《南史》，对于侨置的地名，实在容易混错。元人灭宋，统一中国，在二十四史就有《元史》的位置。元帝成吉思汗拓展地域很广，关于西伯利亚和欧洲东部的地志，《元史》也有阑入，因此使我们读者发生困难。关于《元史》地志有《元史译文证补》一书，因著者博证海外，故大致不错。

不明白地理而研究国学，普通要发生三种谬误。南北朝时南北很隔绝。北魏人著《水经注》，对于北方地势，还能正确；记述南方的地志，就错误很多。南宋时对于北方大都模糊，所以福建人郑樵所著《通志》，也错得很多。——这是臆测的谬误。中国土地辽阔，地名相同的很多，有人就因此纠缠不清。——这是纠缠的错误。古书中称某地和某地相近，往往考诸实际，相距却是甚远。例如：诸葛亮五月渡泸一事，是大家普通知道的；泸水就是现今金沙江，诸葛亮所渡的地，就是现在四川宁远；后人因为唐代曾在四川置泸州，大家就以为诸葛亮五月渡泸，是在此地，其实相去千里，岂非大错吗？——这是意会的错误。至于河阴、河阳当在黄河南北，但水道已改，地名还是仍旧，也容易舛错的。

我在上节曾讲过"通小学"，现在又讲到"明地理"；本来还有"典章制度"也是应该提出的，所以不提出者，是因各朝的典章制度，史书上多已载明，无以今证古的必要；我们看哪一朝史知道哪一朝的典章制度就够了。

四、知古今人情的变迁

社会更迭地变换，物质方面继续地进步，那人情风俗也随着变迁，不能拘泥在一种情形的。如若不明白这变迁的理，要产生两种谬误的观念。

一、道学先生看做道德是永久不变，把古人的道德，比做日月经天、江河行地，墨守而不敢违背。

二、近代矫枉过正的青年，以为古代的道德是野蛮道德。

原来道德可分二部分：普通伦理和社会道德。前者是不变的，后者是随着环境变更的。当政治制度变迁的时候，风俗就因此改易，那社会道德是要适应了这制度这风俗才行。古今人情的变迁，有许多是我们应该注意的！

第一，封建时代的道德，是近于贵族的；郡县时代的道德，是近于平民的；——这是比较而说的。《大学》有"欲治其国者，先齐其家"一语，《传》第九章里有"其家不可教而能教人者，无之"一语，这明是封建时代的道德。我们且看唐太宗的历史，他的治国，成绩却不坏——世称"贞观之治"；但他的家庭，却糟极了，杀兄、纳弟媳；这岂不是把《大学》的话根本打破吗？要知古代的家和后世的家大不相同；古代的家，并不只包含父子夫妻兄弟这等人；差不多和小国一样，所以孟子说"千乘之家"、"百乘之家"。在那种制度之下，《大学》里的话自然不错；那不能治理一县的人，自然不能治理一省了。

第二，古代对于保家的人，不管他是否尸位素餐，都很恭维；史家论事，对于那人因为犯事而灭家，不问他所做的是否正当，都没有一句褒奖。《左传》里已是如此；后来《史》、《汉》也是如此。晁错创议灭七国，对于汉确是尽忠；但因此夷三族，就使史家对他生怪了。大概古代爱家和现代爱国的概念一样，那亡家也和亡国一样，所以保家是大家同情的。这种观念，到汉末已稍稍衰落，六朝又复盛了。

第三，贵族制度和现在上司差不多，只比较的文明一些。凡在王家的人，和王的本身一样看待；他的兄弟在王去位的时候都有承袭的权利。我们看《尚书》到周公代成王摄政，觉得很可怪。他在摄政时代，也俨然称王。在《康诰》里有"王若曰孟侯朕其弟小子封"的话，这王明是指周公。后来成王年长亲政，他又可以把王号取消。《春秋》记隐公、桓公的事，也是如此。这种摄政可称王，退位可取消的情形，到后世便不行。后世原也有兄代弟位的，如明英宗被掳，景泰帝代行政事等。但代权几年，却不许称王；既称王却不许取消的。宋人解释《尚书》，对于这些，没有注意到，所以强为解释，反而愈释愈使人不能解了。

第四，古代大夫的家臣，和天子的诸侯一样，凡是家臣对于主人有绝对服从的义务。这种制度，西汉已是衰落一些，东汉又复兴盛起来；功曹、别驾都是州郡的属官。这种属官，既要奔丧；还要服丧三年，俨有君臣之分。三国时代的曹操、刘备、孙权，他们虽未称王，但他属下的官对于他都是皇帝一般看待的。

第五，丁忧去官一件事在汉末很通行，非但是父母三年之丧要丁忧，就是兄弟姊妹期功服之丧也要丁忧。陶渊明诗有说及奔妹丧的，潘安仁《悼亡诗》也有说及奔丧的，可见丁忧的风，在那时很盛。唐时此风渐息，到明代把他定在律令，除了父母丧不必去官。

总之，道德本无所谓是非，在那种环境里产生适应的道德，在那时如此便够了。我们既不可以古论今，也不可以今论古。

五、辨文学应用

文学的派别很多，梁刘勰所著《文心雕龙》一书，已明白罗列，关于这项，将来再仔细讨论，现在只把不能更改的文体讲一讲。

文学可分二项：有韵的谓之诗，无韵的谓之文。文有骈体、散体的区别；历来两派的争执很激烈：自从韩退之崛起，推翻骈体，后来散体的声势很大，宋人就把古代经典都是散体，何必用骈体，做宣扬的旗帜；清代阮芸台（按即阮元）起而推倒散体，抬出孔老夫子来，说孔子在《易经》里所著的《文言》、《系辞》，都是骈体的。实在这种争执，都是无谓的。

依我看来，凡简单叙一事不能不用散文；如兼叙多人多事，就非骈体不能提纲。以《礼记》而论，同是周公所著，但《周礼》用骈体，《仪礼》却用散体，这因事实上非如此不可的。《仪礼》中说的是起居跪拜之节，要想用骈也无从下手。更如孔子著《易经》用骈，著《春秋》就用散，也是一理。实在，散、骈各有专用，可并存而不能偏废。凡列举纲目的以用骈为醒目，譬如我讲演"国学"，列举各项子目，也便是骈体。秦汉以后，若司马相如、邹阳、枚乘等的骈文，了然可明白；他们用以序叙繁杂的事，的确是不错。后来诏诰都用四六，判案亦有用四六的——唐宋之间，有《龙筋凤髓判》——这真是太无谓了。

凡称之为诗，都要有韵，有韵方能传达情感，现在白话诗不用韵，即使也有美感，只应归入散文，不必算诗。日本和尚娶妻食肉，我曾说他们可称居士等等，何必称做和尚呢？诗何以要有韵呢？这是自然的趋势。诗歌本来脱口而出，自有天然的风韵，这种韵，可达那神妙的意思；你看，动物中不能言语，他们专以幽美的声调传达彼等的感情，可见诗是必要有韵的。"诗言志，歌永言，声依咏，律和声"，这几句话，是大家知道的：我们仔细讲起来，也证明诗是必要韵的。我们更看现今戏子所唱的二黄西皮，文理上很不通，但彼等也因有韵的原故。

白话记述，古时素来有的，《尚书》的诏诰全是当时的白话，汉代的手诏，差不多亦是当时的白话，经史所载更多照实写出的《尚书·顾命篇》有"奠丽陈教则肄肄不违"一语，从前都没能解这两个"肄"字的用意，到清代江艮庭（按即江声）始说明多一肄字，乃直写当时病人垂危舌本强大的口吻。《汉书》记周昌"臣期期不奉诏"、"臣期期知其不可"等语，两"期期"字也是直写周昌口吃。但现在的白话文只是使人易解，能曲传真相却也未必。"语录"皆白话体，原始自佛家，宋代名儒如二程、朱、陆亦皆有语录，但二程为河南人，朱子福建人，陆象山（按即陆九渊）江西人，如果各传真相，应所纪各异，何以语录皆同一体例呢？我尝说，假如李石曾、蔡子民、吴稚晖三先生会谈，而令人笔录，则李讲官话，蔡讲绍兴话，吴讲无锡，便应大不相同，但记成白话文却又一样。所以说白话文能尽传口语的真相，亦未必是确实的。

第二章 国学之派别（一）

——经学之派别

　　讲"国学"而不明派别，将有望洋兴叹、无所适从之感。但"国学"中也有无须讲派别的，如历史学之类；也有不够讲派别的，则为零碎的学问。现在只把古今学者呶呶争辩不已的，分三类讨论：一，经学之派别；二，哲学之派别；三，文学之派别。依顺序先研究经学之派别。

　　"'六经'皆史也"，这句话详细考察起来，实在很不错。在"六经"里面，《尚书》、《春秋》都是记事的典籍，我们当然可以说他是史；《诗经》大半部是为国事而作——《国风》是歌咏各国的事，《雅》、《颂》是讽咏王室的——像歌谣一般的，夹入很少，也可以说是史；《礼经》是记载古代典章制度的——《周礼》载官制，《仪礼》载仪注——在后世本是史的一部分。《乐经》虽是失去，想是记载乐谱和制度的典籍，也含史的性状。只有《易经》一书，看起来像是和史没关，但实际上却也是史。太史公说："《易》本隐以之显，《春秋》推见以至隐。"引申他的意思，可以说《春秋》是罗列事实中寓褒贬之意；《易经》却和近代"社会学"一般，一方面考察古来的事迹，得着些原则，拿这些原则，可以推测现在和将来；简单说起来，《春秋》是显明的史，《易经》是蕴着史的精华的。因此可见"六经"无一非史，后人于史以外，别立为经，推尊过甚，更有些近于宗教。实在周末还不如此，此风乃起于汉时。

秦始皇焚书坑儒，"六经"也遭一炬，其后治经者遂有今文家、古文家之分。今文家乃据汉初传经之士所记述的。

现在要讲今文家，先把今文家的派别，立一简单的表（见下页）：

汉初，田何传《易经》，伏生口授《尚书》，齐、鲁、韩三家治《诗经》，高堂生传《礼经》，胡毋生治《公羊》，瑕丘江公治《穀梁》，那时除了《乐经》以外，"五经"都已完备；后来《易》分四家，《诗》、《书》各分三家，《礼》分二家，《公羊》分二家，汉室设学官，立十四博士——《穀梁》不在内——即以上十四家。十四博士在汉初还没十分确定，在西汉末年才确定下来。

今文家所讲的，虽非完全类乎宗教，但大部分是倾向在这一面的。《易》四家中，施和梁丘二家，我们已不能见，且莫论他；京氏

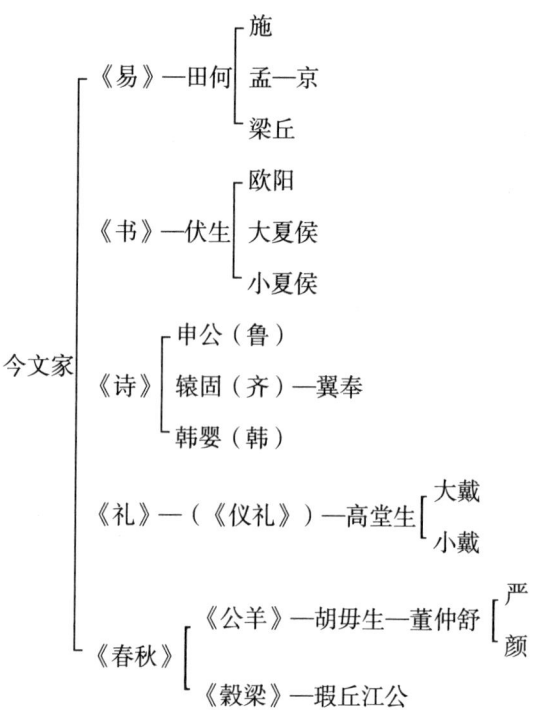

治《易》，专重卜筮，传至汉末虞翻，则更多阴阳卜筮之说。《尚书》三家中欧阳也不可考，大、小夏侯则欢喜讲《洪范》五行之说，近于宗教；汉人治《尚书》，似乎最欢喜《洪范篇》。《诗经》三家中，申公所说，没甚可怪；《韩诗外传》——《内传》已失——也没甚可怪的地方；惟翼奉治诗，却拿十干十二支比附《诗经》了。高堂生的《仪礼》，已不可知；大、小戴中——现在所谓二戴，非汉时的大、小戴——也有不少离奇的话。《公羊》的记载，虽和事实相差很远，还没甚么可怪，但治《公羊》的今文家，却奇怪极了。胡毋生的学说，我们已不能见；即颜、严二家的主张也无从考出；但董仲舒的《春秋繁露》，却多怪话。汉末何休注《公羊》，不从颜、严二家之说，自以为是胡毋生嫡派，他的怪话最多，照他说来，直是孔子预知汉室将兴而作《春秋》，简直是为汉预制宪法；所以那时有"《春秋》为汉制法"的话。孔子无论是否为预言家，孔子何至和汉家有这么深厚的感情呢？

汉代学者以为古代既有"经"必有"纬"，于是托古作制，造出许多"纬"来；同时更造"谶"。当时"纬书"，种类繁多，现在可查考的只有《易纬》八种；明孙瑴《古微书》中辑有纬书很多。《易纬》所讲的是时令节气，仅如《月令》之类；《春秋纬》载孔子著《春秋》、《孝经》告成，跪告天，天生彩云，下赐一玉等话，便和耶稣《创世记》相类了。"谶"是"河图"一类的书，专讲神怪，说能先知未来，更近于宗教了。"纬书"西汉末年才出现，大概今文学家弟子迎合当时嗜好推衍出来的。

"经"有兼今古文的，也有无今文而有古文的，也有无古文而有今文的。汉代古文学家，可以列如下表：

$$
古文家
\begin{cases}
《易》—费氏 \\
《书》—孔氏 \\
《诗》—毛氏 \\
《礼》—桓公 \text{（据刘歆语）} \\
《春秋》—左氏
\end{cases}
$$

《仪礼》——当时称为《士礼》——在古文今文，只为文字上的差别。《周礼》在汉初不以为经典，东汉始有杜子春和二郑替彼注释。此外，今古文便各自为别了。

今古文的区别，本来只在文字版本上。因为"六经"遭秦火，秦代遗老就所能记忆的，用当代语言记出，称为今文；后来从山崖屋壁发现古时原本，称为古文；也不过像近代今版古版的分别罢了。但今文所记忆，和古文所发现的篇幅的多少，已有不同；今文家所主张和古文家所说，根本上又有不同；因此分道扬镳。古文家异于今文家之点，在下文细说：

一、《易》以费氏为古文家，是刘向定的；因为刘向校书时，就各家《易经》文字上看，只有费氏相同，所以推为古文家。以《易》而论，今古文也还只文字上的不同。

二、鲁恭王发孔壁得《尚书》，《尚书》的篇数就发生问题；据《书传》——太史公曰"《书传》、《礼记》自孔氏"，可见孔安国家藏《书传》，确自孔壁得来——称《书序》有百篇，而据伏生所传只有二十九篇（可分为三十四篇）；壁中所得却有四十六篇（可分为五十八篇），相差已十七篇。并且《书传》所载和今文更有许多不同的地方；孟子是当时善治《诗》、《书》的学者，他所引的"葛伯求饷"、"象日以杀舜为事"等等，在今文确是没有的，可见事实上又不同了。

三、《诗》因叶韵易于记忆，当时并未失传，本无今古文之分。毛氏所传《诗》三百十一篇，比三家所传多"笙诗"六篇；而所谓"笙诗"也只有名没有内容的。《毛诗》所以列于古文，是立说不同。他的立说，关于事实和《左传》相同，关于典章制度和《周礼》相同，关于训诂又和《尔雅》同的。

四、郑康成注《仪礼》，并存古今文。大概高堂生传十七篇和古文无大出入。孔壁得《礼》五十六篇，比高堂生多三十九篇，这三十九篇和今文中有大不同之点：今文治《礼》，是"推士礼致于天子"，全属臆测的；此三十九篇却载士以上的礼很多。二戴的主张，原不可考；但晋人贺循引《礼》，是我们可据以为张本的。

五、"《左氏》多古文古言"。《汉书·艺文志》说：《左氏传》是张苍所献。贾谊事张苍，习《左氏传》，所以《贾谊新书》引《左氏传》的地方很多。《左氏传》的事实，和《公羊》多不相同。

《榖梁》中事实较《公羊》确实一些，也和《左氏》有出入。至经文本无不同，但《公羊》、《榖梁》是十一篇，《左氏》有十二篇，因《公》、《榖》是附闵于庄的。闵公只有三年，附于庄公，原无大异；但何休解《公羊》，却说出一番理由来，以为"孝子三年无改于父道"，故此附闵于庄了。

六、《周礼》，汉时河间献王向民间抄来，马融说是"出自山崖屋壁"的。这书在战国时已和诸侯王的政策不对，差不多被毁弃掉；所以孟子说："其详不可得闻也；诸侯恶其害己也，而皆去其籍。"《荀子》中和《周礼》相合的地方很多，或者他曾见过。孟子实未见过《周礼》，西汉人亦未见过；《礼记·王制篇》也和《周礼》不同。孟子答北宫锜说："公侯皆方百里，伯七十里，子男五十里"，《周礼》却说是"公五百里，侯四百里，伯三百里，子二百里，男一百里"。《王制》讲官制是"三公，九卿，二十七大夫，八十一元士"。但古代王畿千里，几和现在江苏一般大小，这一百二十个官员，恐怕不够吧！《周礼》称有三百六十官，此三百六十官亦为官名而非官缺，一官实不止一人，如就府吏胥徒合计，当时固有五万余员。

又有在汉时称为传记的，就是《论语》和《孝经》二书。《论语古论》、《齐论》、《鲁论》之分，《古论》是出自孔氏壁中的。何晏治《论语》参取三家，不能分为古今文。不过王充《论衡》称《论语》之《古论》有百多篇，文字也难解，删繁节要也有三十篇，而何晏说："《鲁论语》二十篇；《齐论语》别有《问王》、《知道》等，凡二十二篇；《古论》出孔氏壁中，分《尧曰》下章《子张问》以为一篇，凡二十一篇。"篇数上又有出入。《汉书·艺文志》有《孔子家语》及《孔子徒人图法》二书，太史公述仲尼弟子，曾提及《弟子籍》一书，三十篇中或者有以上三书在内。《孝经》，在《汉书·艺文志》也说出自孔壁，汉代治《孝经》的已无可考，我们所见的是唐玄宗的注释。又有《论语谶》、《孝经谶》二书，怪语很多，可存而不论。

宋代所称"十三经"，是合《易》、《尚书》、《周礼》、《仪礼》、《礼记》、《诗》、《左传》、《公羊》、《穀梁》、《论语》、《孝经》、《孟子》、《尔雅》而说的；这只是将诸书汇刻，本无甚么深义，后人遂称为"十三经"了。《汉书·艺文志》扩充"六艺"为九种，除《易》、《诗》、《书》、《礼》、《乐》、《春秋》为"六艺"外，是并《论语》、《孝经》、"小学"在内的。

汉代治经学，崇尚今文家的风气，到了汉末三国之间，渐趋销熄；汉末郑康成治经，已兼重古文和今文；王肃出，极端地相信古文。在汉代没曾立学官的，三国也都列入学官；因此今文家衰，古文家代兴。

三国时古文家的色彩很鲜明，和汉代有不可混的鸿沟：

《诗》——汉用三家，三国时尚毛；

《春秋》——汉用《公羊》，三国时尚《左氏》；

《易》——汉有施、孟、梁丘、京四家；三国只崇尚郑康成和王弼的学说；

《仪礼》——没有大变更；

《周礼》——汉不列学官，三国列入学官。

学者习尚既变，在三国魏晋之间，所有古文家学说都有人研究；就是从前用今文家的，到此时也改用古文家了。

古文家盛行以后，自己又分派别；以《易》而论：王弼主费氏，郑康成也主费氏，各以己意注释，主张大有不同；因为费氏只是文字古体，并无他的学说的。治《毛诗》的，有郑康成、王肃，意见有许多相反。治《左传》的，汉末有服虔——只解传不解经的，晋有杜预，两家虽非大不同，其中却也有抵触之处；原来汉人治《左氏》，多引《公羊》，并由《公羊》以释经，自己违背的地方很多；杜预《春秋释例》将汉人学说一一驳倒，在立论当中，又有和服虔的主张相反的。《尚书》郑康成有注，郑本称为古文的，但孔安国古本已失，郑本也未必是可靠；我们就和马融、郑康成师生间的立说不同、文字不同，也可明白了。东晋时梅颐的伪古文《尚书》出，托名孔安国，将《汉书·艺文志》所称正十八篇推衍出来，凡今文有的，文字稍有变更，今文所无的，就自己臆造，这书当时很有人信他。

南北朝时南北学者的倾向颇有不同：

《易》——北尊王弼，南尊郑康成；

《毛诗》——南北无十分异同；

《左传》——北尊服虔，南尊杜预；

《尚书》——北尊郑康成，南用伪古文《尚书》。

唐初，孔颖达、贾公彦出而作注疏，产生"五经"、"七经"的名称。"五经"是孔颖达所主张的，贾公彦益以《周礼》、《仪礼》就称"七经"，后更附以《公羊》、《穀梁》（《公羊》用何休，《穀梁》用范甯），就是唐人通称的"九经"。孔颖达，曲阜人，当时北方人多以为北不如南，所以他作注疏多采用南方；因此《易》不用王而用郑，《左》不用服而用杜了。唐人本有"南学"（按即南北朝时南朝的经学。承魏晋学风，兼采众说，不拘家法，随意发挥，又受佛教影响，是宋代理学的渊源）、"北学"（按即南北朝时北朝的经学。墨守东汉旧说，以章句训诂为主，不愿别出新义。学风保守，撰述亦少）之分，后来北并于南，所有王弼、服虔的学说，因此散失无遗。

唐代轻学校而重科举，取士用"明经"、"进士"二科（明经科讨论经典，进士科策论应试），学者对于孔氏的学说不许违背，因此拘束的弊病，和汉代立十四博士不相上下，并且思想不能自由，成就很少；孔、贾而外，竟没有卓异的经学家了。

《仪礼·丧服》是当时所实用的，从汉末至唐，研究的人很多并且很精，立说也非贾《疏》所能包；这是特例。

宋代典章制度，多仍唐时之旧，宋人拘守唐人的注疏，更甚于唐人，就是诗赋以经命名的，也不许抵触孔、贾的主张；当时有人作"当仁不让于师赋"，将"师"训作"众"，就落第了。邢昺作《论语》、《孝经》疏，拘守孔、贾所已引用的，已是简陋，那些追随他们的后尘的，更是陋极。宋代改"明经科"为"学究科"，这"学究"两字是他们无上的诨号。

在思想不能自由发展环境之下，时势所趋，不能不有大变动，因此宋代学者的主张就和以前趋于相反的方向了。揭反向旗帜的人，首推孙复：他山居读书，治《春秋》以为三传都不可靠；这种主张，在唐人已有赵匡、啖助创议于先，孙不过推衍成之。继孙复而起，是欧阳修，他改窜《诗经》的地方很多，并疑《易》的《系辞》非出自孔氏；立说之中很多荒谬，因为他本是文人，非能说经的。同时有刘敞（字原甫）说经颇多，著有《七经小记》，原本今虽不存，但从别书考见他的主张，虽和注疏背驰，却不是妄想臆测。神宗时王安石治经，著有《三经新义》，当时以为狂妄；原书已难考见，但从集中所引用的看来，也不见得比欧阳修更荒谬；想是宋人对于王安石行为上生怨恶，因此嫌弃他的学说。王的学说，传至弟子吕惠卿辈，真是荒谬绝伦，后来黄氏（按即宋人黄朝英）有《缃素杂记》，把《诗经》看作男女引诱的谈论，和《诗经》的本旨就相去千里了。

宋儒治经以意推测的很多。南宋朱文公（按即朱熹）凭他的臆测酿成很多谬误。朱氏治经，有些地方原有功于经，但是功不能掩过；现且分别指明：

一、《易经》本为十二篇，郑、王合《象辞》于经，已非本来面目，朱氏分而出之，是他的功；他取陈抟的《河图》、《洛书》并入《易经》——《河图》、《洛书》由陈抟传至邵康节（按即邵雍），再传至朱文公，他就列入《易经》；有清王懋竑为朱文公强辩，谓《河图》、《洛书》非朱文公所列，那就太无谓了；因为朱文公对于道士炼丹之术，很有些相信，他曾替《参同契》（汉时道家书）作注释，在书上署名"空同道士邹䜣"，"邹"、"朱"双声，"䜣"、"熹"通训，他的本名已隐在里面了。——这是他的过。分《易》是还原，为功很小；增《河图》、《洛书》是益迷信，过很大。可以说是功不掩过。

二、朱文公从文章上，怀疑伪古文《尚书》，开后人考据的端绪，是他的功，他怀疑《书序》(今文所无、古文所有) 也是伪托，他的弟子蔡沈作《集传》，就不信《书序》，是他的过。这可说是功过相当。

三、古人作诗托男女以寓君臣，《离骚》以美人香草比拟，也同此意。朱文公对于《诗序》(唐时《本事诗》相类) 解诗指为国事而作，很不满意；他迳以为是男女酬答之诗，这是不可掩的过。当时陈傅良反对朱文公，有"城阙为偷期之所，彤管为行淫之具"等语。(不见于今《诗传》，想已删去) 清人亦有指斥朱文公释《丘中有麻》诗为女人含妒意为不通者。

与朱文公同时有吕东莱 (按即吕祖谦) 治《毛诗》很精当，却不为时人所重。元代朱子学说大行，明代更甚；在这二代中，经学一无足观，士子受拘束也达极点，就激成清代的大反动。

清初，毛奇龄 (号西河) 首出反对朱子的主张，毛为文人，于经没彻底的研究，学说颇近王阳明；他驳斥朱子的地方固精当，他自己的主张和朱子一般荒谬；朱子注《四子书》，也有援引原注的，毛也一并指斥无余了。继起为胡渭 (朏明)，他精研地理，讲《禹贡》甚精当，对于《河图》、《洛书》有重大的抨击。在那时双方各无所根据，凭主观立论，都不能立在不败之地，汉学便应运而起。

　　阎若璩力攻古代书籍，已和汉学接近，不过对于朱子，不十分叛离，有许多地方仍援用朱说的。后江慎修（按即江永）出，对于音韵有研究，也倾向到汉学，但未揭明汉学的旗帜。

　　揭汉学旗帜的首推惠栋（定宇）——苏州学派，他的父亲惠士奇著《礼说》、《春秋说》已开其端，定宇更推扬之，汉学以定。他所谓汉学，是摈斥汉以下诸说而言。惠偏取北学，著有《九经古义》、《周易述》、《明堂大道录》等书，以《周易述》得名。后惠而起有戴震（东原），他本是江永的弟子，和惠氏的学说不十分相同，他著有《诗经小传》等书，不甚卓异。

　　就惠、戴本身学问论，戴不如惠，但惠氏不再传而奄息，戴的弟子在清代放极大异彩，这也有二种原因：

　　甲，惠氏墨守汉人学说，不能让学者自由探求、留发展余地；戴氏从音韵上辟出新途径，发明"以声音合文字，以文字考训诂"的法则。手段已有高下。

　　乙，惠氏揭汉学的旗帜，所探求的只是汉学，戴氏并非自命为汉学，叫人从汉学上去求新的发见，态度上也大有不同。

　　戴氏的四弟子，成就都很多，戴氏不过形似汉学，实际尚含朱子的臭味，他的弟子已是摈除净尽了。今将其四弟子分别说明如下：

一、孔广森讲音韵极精，著有《诗声类》一书；

二、任大椿著有《弁服释例》一书，很确实的；

三、段玉裁以《六书音韵表》、《说文解字注》闻名；

四、王念孙本非戴的传经学生，戴在王家教授时，只不过教授些时文八股，王后来自有研究，所发明的比上列三家较多，《广雅疏证》一书，很为学者所重。

上列四家，孔、任尚近汉学，段已和汉学不同，王才高学精，用汉学以推翻汉学，诚如孟子所谓"逢蒙学射于羿，尽羿之道，于是杀羿"了。

王念孙及其子引之著《经义述闻》，引用汉代训诂，善于调换，于诸说中采其可通者，于是佶屈聱牙的古书，一变而为普通人所能懂得了。历来研究经学的，对于名词、动词有人研究；关于助词，都不知讨论；王氏父子著《经传释词》，于古书助词之用法，列举无遗，实于我们研究上有莫大的便利，如《孟子》中"然而无有乎尔，则亦无有乎尔"二句，本不易解，王氏训"乎尔"为"于此"、"于彼"，便豁然可悟了。我以我们不看《经传释词》，也算是虚词不通。

上列二派，在清代称为"汉学"，和"宋学"对立，厥后崛起的为"常州派"，是今文学家。

　　"常州派"自庄存与崛起，他的外甥刘逢禄、宋翔凤承继他的学说。庄氏治《公羊》，却信东晋《古文尚书》，并习《周礼》；刘氏亦讲《公羊》，却有意弄奇；康有为的离奇主张，是从他的主张演绎出来的；但他一方面又信《书序》。这两人不能说纯粹的今文学家。朱氏（按疑当为宋氏，宋翔凤）以《公羊》治《论语》，极为离奇，"孔教"的促成，是由他们这一班人的。今文学家的后起，王闿运、廖平、康有为辈一无足取，今文学家因此大衰了。

　　今文学家既衰，古文学家又起。孙诒让是一代大宗，《周礼正义》一书，颇为学者所重；在他以外，考典章制度原有江永、惠士奇（作《礼说》）、金榜（著《礼笺》）、金鹗（作《求古录》）、黄以周（著《礼书通故》）等人，但和他终有上下床之别。自孙诒让以后，经典大衰。像他这样大有成就的古文学家，因为没有卓异的今文学家和他对抗，竟因此经典一落千丈，这是可叹的。我们更可知学术的进步，是靠着争辩，双方反对愈激烈，收效方愈增大。我在日本主《民报》笔政，梁启超主《新民丛报》笔政，双方为国体问题辩论得很激烈，很有色彩；后来《新民丛报》停版，我们也就搁笔，这是事同一例的。

　　自汉分古、今文，一变而为南、北学之分，再变而为汉、宋学之分，最后复为今、古文，差不多已是反原，经典的派别，也不过如此罢。

第三章　国学之派别（二）

——哲学之派别

"哲学"一名词，已为一般人所通用，其实不甚精当；"哲"训作"知"，"哲学"是求知的学问，未免太浅狭了。不过习惯相承，也难一时改换，并且也很难得一比此更精当的。南北朝号"哲学"为"玄学"，但当时"玄"、"儒"、"史"、"文"四者并称，"玄学"别"儒"而独立，也未可用以代"哲学"。至宋人所谓"道学"和"理学"是当时专门名词，也不十分适用。今姑且用"哲学"二字罢。

讨论哲学的，在国学以子部为最多；经部中虽有极少部分与哲学有关，但大部分是为别种目的而作的。以《易》而论，看起来像是讨论哲学的书，其实是古代社会学；只《系辞》中谈些哲理罢了。《论语》，后人称之为"经"，在当时也只算是子书；此书半是"伦理道德学"，半是论哲理的。"九流"的成立，也不过适应当时需求；其中若"纵横家"是政客的技术，"阴阳家"是荒谬的迷信，"农家"是种植的技艺，"杂家"是杂乱的主张，都和哲学无关。至和哲学最有关系的，要算儒、道二家；其他要算"法家"、"墨家"、"名家"了。"道家"出于史官，和《易》相同。老、庄二子的主张，都和哲学有牵涉的。管子也是道家，也有小部分是和哲学有关的。儒家除《论语》一书外，还有《孟子》、《荀子》都曾谈谈哲理。名家是治"正名定分之学"，就是现代的"伦理学"，可算是哲学的一部分。尹文子、公孙龙子，和庄子所称述的惠子，都是治这种学问的。惠子和公孙龙子主用奇怪的论调，务使人为我所驳倒，就是希腊所谓"诡辩学派"。《荀子·正名篇》，研究"名学"也很精当。墨子本为宗教家，但《经上》、《经下》二篇，是极好的名学。法家本为应用的；而韩非子治法家之学，自谓出于老子，他有《解老》、《喻老》二篇，太史公也把他和老、庄合传，其中有一部分也有关哲理的。儒家、道家和法家的不同，就在出发点上；儒、道二家是以哲理为基本而推衍到政治和道德的，法家是旁及哲理罢了。他如宋轻（按即宋钘），《汉书·艺文志》把他归在小说家，其实却有哲理的见解。庄子推宋轻为一家，《荀子·解蔽篇》驳宋轻的话很多，想宋轻的主张，在当时很流行，他是主张非兵的。宋轻所以算做小说家，因为他和别家不同；别家是用高深的学理，和门人研究；他是逢人便说，陈义很浅的。

周秦诸子，道、儒两家所见独到；这两家本是同源，后来才分离的。《史记》载孔子受业于征藏史，已可见孔子学说的渊源。老子道德的根本主张，是"上德不德"，就是无道德可见，才可谓之为真道德；孔子的道德主张，也和这种差不多。就是孟子所谓"由仁义行，非行仁义也"，也和老子主张一样的。道、儒两家的政治主张，略有异同；道家范围大，对于一切破除净尽；儒家范围狭小，对于现行制度，尚是虚与委蛇；也可以说是"其殊在量，非在质也"。老子为久远计，并且他没有一些名利观念，所以敢放胆说出；孔子急急要想做官，竟是"三月无君，则皇皇如也"，如何敢放胆说话呢！

儒家之学，在《韩非子·显学篇》说是"儒分为八"，有所谓颜氏之儒。颜回是孔子极得意门生，曾承孔子许多赞美，当然有特别造就。但孟子和荀子是儒家，记载颜子的话很少，并且很浅薄；《庄子》载孔子和颜回的谈论却很多。可见颜氏的学问，儒家没曾传，反传于道家了。《庄子》有极赞孔子处，也有极诽谤孔子处；对于颜回，只有赞无议，可见庄子对于颜回是极佩服的。庄子所以连孔子也要加抨击，也因战国时学者托于孔子的很多，不如把孔子也驳斥，免得他们借孔子作护符。照这样看来，道家传于孔子为儒家；孔子传颜回，再传至庄子，又入道家了。至韩退之以庄子为子夏门人，因此说庄子也是儒家；这是"率尔之论，未尝订入实录"。他因为庄子曾称田子方，遂谓子方是庄子的先生；那么，《让王篇》也曾举曾原、则阳、无鬼、庚桑诸子，也都列名在篇目，都可算做庄子的先生吗？

孟子，《史记》说他是"受业子思之门"；宋人说子思是出于曾子之门，这是臆测之词，古无此说。《中庸》中虽曾引曾子的话，也不能断定子思是出于曾子的。至谓《大学》是曾子所作，也是宋人杜撰，不可信的。子思在《中庸》所主张，确含神道设教的意味，颇近宗教；《孟子》却一些也没有。《荀子·非十二子篇》，对于子思、孟子均有诽议，说他们是信仰五行的。孟子信五行之说，今已无证据可考，或者外篇已失，内篇原是没有这种论调的。子思在《礼记》中确已讲过五行的话。

荀子的学问，究源出何人，古无定论。他尝称仲尼、子弓；子弓是谁，我们无从考出。有人说，子弓就是子张；子张在孔子门人中不算卓异的人才，如何会是他呢？今人考出子弓就是仲弓，这也有理。仲弓的学问，也为孔子所赞许，造就当有可观。郑康成《六艺论》，说仲弓是编辑《论语》的。而《荀子》一书，体裁也是仿效《论语》的，《论语》以《学而》始，以《尧曰》终；荀子也以《劝学》始，以《尧问》终。其中岂非有蛛丝马迹可寻吗？荀子和孟子虽是都称儒家，而两人学问的来源大不同。荀子是精于制度典章之学，所以"隆礼仪而杀《诗》、《书》"，他书中的《王制》、《礼论》、《乐论》等篇，可推独步。孟子通古今，长于《诗》、《书》，而于《礼》甚疏；他讲王政，讲来讲去，只有"五亩之宅，树之以桑；鸡豚狗彘之畜，无失其时；百亩之田，勿夺其时"等话，简陋不堪，哪能及荀子的博大！但孟子讲《诗》、《书》，的确好极，他的小学也很精，他所说："庠者，养也；泽水者，洪水也；畜君者，好君也"等等，真可冠绝当代！由他们两人根本学问的不同，所以产生"性善"、"性恶"两大反对的主张；在荀子主礼仪，礼仪多由人为的，因此说人性本恶，经了人为，乃走上善的路。在孟子是主《诗》、《书》；《诗》是陶淑性情的，《书》是养成才气的，感情和才气都自天然，所以认定人性本善的。两家的高下，原难以判定。韩退之以大醇小疵定之，可谓鄙陋之见。实在汉代治儒家之学，没有能及荀、孟两家了。

告子，庄子说他是兼学儒、墨，孟子和他有辩驳，墨子也排斥他的"仁内义外"的主张。墨、孟去近百年，告子如何能并见？或者当时学问是世代相传的。告子的"生之为性，无善无不善"的主张，看起来比荀、孟都高一着。荀、孟是以所学定其主张，告子是超乎所学而出主张的。告子口才不及孟子，因此被孟子立刻驳倒。其实，孟子把"犬之性犹牛之性，牛之性犹人之性与？"一语难告子，告子也何妨说"生之为性，犬之生犹牛之生，牛之生犹人之生"呢？考"性"亦可训作"生"，古人所谓"毁不灭性"的"性"字，就是"生"的意义。并且我们也常说"性命"一语呢！

道家的庄子以时代论，比荀子早些，和孟子同时，终没曾见过一面。庄子是宋人，宋和梁接近；庄子和惠子往来，惠子又为梁相，孟子在梁颇久，本有会面的机会；但孟子本性不欢喜和人家往来，彼此学问又不同，就不会见了。

庄子自以为和老子不同，《天下篇》是偏于孔子的。但庄子的根本学说，和老子相去不远。不过老子的主张，使人不容易捉摸，庄子的主张比较的容易明白些。

庄子的根本主张，就是"自由"、"平等"，"自由平等"的愿望，是人类所共同的，无论哪一种宗教，也都标出这四个字。自由平等见于佛经；"自由"，在佛经称为"自在"。庄子发明自由平等之义，在《逍遥游》、《齐物论》二篇；"逍遥游"者，自由也，"齐物论"者，平等也。但庄子的自由平等，和近人所称的，又有些不同。近人所谓"自由"，是在人和人的当中发生的，我不应侵犯人的自由，人亦不应侵犯我的自由。《逍遥游》所谓"自由"，是归根结底到"无待"两字；他以为人与人之间的自由，不能算数；在饥来想吃，寒来想衣的时候，就不自由了。就是列子御风而行，大鹏自北冥徙南冥，皆有待于风，也不能算"自由"。真自由惟有"无待"才可以做到。近人所谓平等，是指人和人的平等，那人和禽兽草木之间，还是不平等的。佛法 (按佛教名词，指佛教各种教义和佛教"真理") 中所谓平等，已把人和禽兽平等。庄子却更进一步，与物都平等了。仅是平等，他还以为未足；他以为"是非之心存焉"，尚是不平等，必要去是非之心，才是平等。庄子临死有"以不平平，其平也不平"一语，是他平等的注脚。

庄子要求平等自由，既如上述。如何而能达到平等自由，他的话很多，差不多和佛法相近。《庄子·庚桑楚篇》，朱文公说他全是禅 (宋人凡关于佛法，皆称为"禅")，实在《庚桑楚篇》和"禅"尚有别，和"佛法"真很近了。 庄子说"灵台者有持"，就是佛法的"阿陀那识"，"阿陀那"意即"持"；我们申而言之，可以说，眼目口鼻所以能运动自由，都有"持之者"，即谓"持生之本也"。《庄子》又有《德充符篇》，其中有王骀者，并由仲尼称述他的主张；是否有此人，原不可知，或是庄子所假托的。我们就常季所称述"彼为己，以其知得其心；以其心得其常心"等语，是和佛法又相同的。"知"就是"意识"；"心"就是"阿陀那识"，或称"阿赖耶识"，简单说起来就是"我"；"常心"就是"庵摩罗识"，或称"真如心"，就是"不生不灭之心"。佛家主张打破"阿赖耶识"，以求"庵摩罗识"。因为"阿赖耶识"存在，人总有妄想苦恼；惟能打破生命之现象，那"不生不灭之心"才出现。庄子求常心，也是此理。他也以为常心是非寻常所能知道的。庄子"无我"的主张，也和佛法相同。庄子的"无我"和孔子的"毋我"、颜子的"克己复礼"也相同，即一己与万物同化，今人所谓融"小我"于"大我"之中。这种高深主张，孟、荀见不到此；原来孔子也只推许颜回是悟此道的。所以庄子面目上是道家，也可说是儒家。

自孔子至战国，其间学说纷起，都有精辟的见解，真是可以使我们景仰的。

战国处士横议，秦始皇所最愤恨，就下焚书坑儒等凶辣手段。汉初虽有人治经学，对于"九流"，依旧怀恨，差不多和现在一般人切齿政客一般。汉武帝时，学校只许读经学，排斥诸子百家了。

汉初经学，一无可取，像董仲舒、公孙弘辈，在当时要算通博之儒，其他更何足论！西汉一代，对于哲理有精深研究的，只有扬雄一人。韩退之把荀、扬并称，推尊他已达极点。实在扬雄的学说，和荀、孟相差已多；秦汉以后的儒家，原没有及荀、孟的。不过扬雄在当时自有相当的地位和价值。西汉学者迷信极重，扬雄能够不染积习，已是高人一着。他的《法言》，全仿《论语》，连句调都有些模拟；但终究不及《荀子》。宋人说："荀子才高，扬子才短"，可称定评。

东汉学者迷信渐除，而哲理方面的发现仍是很少。儒家在此时渐出，王符《潜夫论》、王充《论衡》，可称为卓异的著述。王符专讲政治，和哲理无关。王充（也有归入杂家的）在《论衡》中几于无迷不破，《龙虚》、《雷虚》、《福虚》等篇，真是独具只眼。他的思想，锐敏已极，但未免过分，《问孔》、《刺孟》等篇，有些过当之处。他又因才高不遇，命运一端，总看不破，也是遗恨。王充破迷信高出扬雄之上，扬雄新见解也出王充之上，这两人在两汉是前后辉映的。

汉人通经致用，最为曹操所不欢喜；他用移风易俗的方法，把学者都赶到吟咏一途；因此三国的诗歌，很有声色。这是曹操手段高出秦始皇处。

魏晋两朝，变乱很多，大家都感着痛苦，厌世主义因此产生。当时儒家迂腐为人所厌，魏文帝辈又欢喜援引尧舜，竟要说"舜禹之事，吾知之矣"。所以，"竹林七贤"便"非尧舜，薄汤武"了。七贤中嵇康、阮籍辈的主张和哲学没有关系，只何晏、王弼的主张含些哲学。何晏说"圣人无情"，王弼说"圣人茂于人者神明，同于人者五情"，这是两个重要的见解。郭象承何晏之说以解《庄子》，他说："子哭之恸，在孔子也不过人哭亦哭，并非有情的。"据他的见解，圣人竟是木头一般了。佛法中有"大乘"、"小乘"（按大乘、小乘是佛教派别名），习"小乘"成功，人也就麻木，习"大乘"未达到成佛的地位，依旧有七情的。

自魏晋至六朝，其间佛法入中国，当时治经者极少，远公（按即晋释慧远）是治经的大师。他非但有功佛法，并且讲《毛诗》、讲《仪礼》极精；后来治经者差不多都是他的弟子。佛法入中国，所以为一般人所信仰，是有极大原因：学者对于儒家觉得太浅薄，因此弃儒习老、庄，而老、庄之学，又太无礼法规则，彼此都感受不安；佛法合乎老、庄，又不猖狂，适合脾胃，大家认为非此无可求了。当时《弘明集》治佛法，多取佛法和老、庄相引证；才高的人，都归入此道，猖狂之风渐熄。

历观中国古代，在太平安宁之时，治哲学的极少，等到乱世，才有人研究。隋唐统一天下，讲哲理的只有和尚，并且门户之见很深，和儒家更不相容。唐代读书人极不愿意研究，才高的都出家做和尚去。我们在这一代中，只能在文人中指出三人：一、韩昌黎，二、柳子厚，三、李翱。韩昌黎见道不明，《原道》一篇，对于释、老只有武断的驳斥。柳子厚较韩稍高，他以为天是无知的。李翱

(韩昌黎的侄倩)是最有学识的文人,他著《复性篇》说"斋戒其心,未离乎情;知本无所思,则动静皆离",和禅宗(按禅宗为中国佛教宗派,以专修"禅定"而得名)很近了。李后来事药山(按唐代名僧),韩后来事大颠(按佛教禅宗南派惠能三传弟子,自号大颠和尚);李和药山是意气相投,韩贬潮州以后,意气颓唐,不得已而习佛法的。韩习佛法,外面还不肯直认;和朋友通信,还说佛法外形骸是他所同意的。儒家为自己的体面计,往往讳言韩事大颠,岂不可笑!实在韩自贬潮州以后,人格就堕落,上表请封禅,就是献媚之举,和扬雄献符命有甚么区别呢?大颠对于韩请封禅一事,曾说:"疮痍未起,安请封禅!"韩的内幕又被揭穿,所以韩对于大颠从而不敢违。韩对于死生利禄之念,刻刻不忘:登华山大哭、作《送穷文》,是真正的证据。韩、柳、李而外,王维、白居易也信佛,但主张难以考见,因为他们不说出的。

七国、六朝之乱,是上流社会的争夺;五代之乱,是下流社会崛起,所以五代学术衰微极了。宋初,赵普、李沆辈也称知理之人,赵普并且自夸"半部《论语》治天下",那时说不到哲理。后来周敦颐出,才辟出哲理的新境域。在周以前有僧契嵩,著有《镡津文集》,劝人读《中庸》、《文中子》、扬子《法言》等书,是宋学(按宋儒理学,为别于汉学,称为宋学,也称为道学)的渊源。周从僧寿崖,寿崖劝周只要改头换面，所以周所著《太极图说》、《周子通书》，只皮相是儒家罢了。周的学说很圆滑，不易捉摸，和《老子》一般，他对二程只说："寻孔、颜乐处。"他终身寡言，自己不曾标榜，也可以说是道学以外的人。

二程都是周的弟子，对于"寻孔、颜乐处"一话，恐怕只有程明道 (按即程颢) 能做到。明道对人和颜悦色，无事如泥木人，他所著《定性篇》、《识仁篇》，和李翱相近；他说"不要方检穷索"，又说"与其是外而非内，不如内外两忘"；见解是很精辟的。伊川 (按即程颐) 陈义虽高，但他自尊自大，很多自以为是之处，恐怕不见得能得孔、颜乐处。邵康节 (按即邵雍) 以"生姜树头生"一语讥伊川，就是说他自信过甚。

邵康节本为阴阳家，不能说是儒家，他的学问自陈抟传来，有几分近墨子。张横渠 (按即张载) 外守礼仪颇近儒，学问却同于回教。佛家有"见病"一义，就是说一切所见都是眼病；张对此极力推翻，他是主张一切都是实有的。考回纥自唐代入中国，奉摩尼教，教义和回相近；景教在唐也已入中国，如清虚一大为天，也和回教相同；张子或许是从回教求得的。

北宋诸学者，周子浑然元气，邵子迷于五行，张子偏于执拗，二程以明道为精深，伊川殊欠涵养，这是我的判断。

南宋永嘉派承二程之学，专讲政治；金华派吕东莱辈，专讲掌故，和哲理无关。朱文公师事延平（按即李侗），承"默坐证心，体认天理"八字的师训。我们在此先把"天理"下一定义。"天"就是"自然"，"天理"就是"自然之理"，朱文公终身对于"天理"，总没曾体认出来；生平的主张，晚年又悔悟了。陆象山（按即陆九渊）和朱相反对，朱是揭"道学问"一义，陆是揭"尊德性"一义。比较起来，陆高于朱，陆"先立乎其大者"，谓"'六经'注我，我不注'六经'"，是主张一切皆出自心的。朱主张"无极太极"，陆则以为只有"太极"，并无"无极"的。两人通信辩论很多，虽未至诋毁的地步，但悻悻之气，已现于词句间。可见两人的修养都没有功夫。陆象山评二程，谓"明道尚疏通，伊川锢蔽生"；实在朱、陆的锢蔽，比伊川更深咧。朱时守时变，陆是一生不变的。王荆公（按即王安石）为宋人所最嫉恶，惟陆以与王同为江西人，所以极力称颂，也可见他的意气了。明王阳明之学，本高出陆象山之上，因为不敢自我作古，要攻讦朱文公，不得不攀附于陆象山了。

陆象山的学生杨慈湖（简），见解也比陆高，他所著的《绝四记》、《己易》二书，原无甚精采，《己易》中仍是陆氏的主张；但杨氏驳《孟子》"求放心"和《大学》"正心"的主张说："心本不邪，安用正？心不放，安用求？"确是朱、陆所见不到的。黄佐（广东人）指杨氏的学说，是剽窃六祖惠能的主张，六祖的"菩提本非树，明镜亦非台，本来无一物，何处染尘埃？"一偈，确是和杨氏的主张一样的。

宋代的哲学，总括说起来：北宋不露锋芒，南宋锋芒太露了。这或者和南北地方的性格有关。

南宋，朱、陆两派，可称是旗鼓相当。陆后传至杨慈湖，学说是更高一步；在江西，陆的学说很流行，浙西也有信仰他的。朱的学说，在福建很流行，后来金华派归附于他，浙东士子对朱很有信仰。

元朝，陆派的名儒，要推吴澄（草庐），但其见解不甚高。朱派仅有金华派传他的学说，金履祥（仁山）、王柏（会之）、许谦（白云），是这一派的巨擘。金履祥偶亦说经，立论却也平庸；许谦也不过如此；王柏和朱很接近，荒谬之处也很多，他竟自删《诗》了。

金华派传至明初，宋濂承其学，也只能说他是博览，于"经"于"理"，都没有什么表见。宋之弟子方孝孺（正学）对于理学很少说，灭族（按明成祖为燕王时，兵入南京，方不肯为之草写登极诏书，被杀，并灭十族——九族及方的学生，死者达八百七十余人）以后，金华派也就式微。明初，陆派很不流行，已散漫不能成派；这也因明太祖尊朱太过之故。

明自永乐后，学者自有研究，和朱、陆都不相同，学说也各有
建树。且列表以明之：

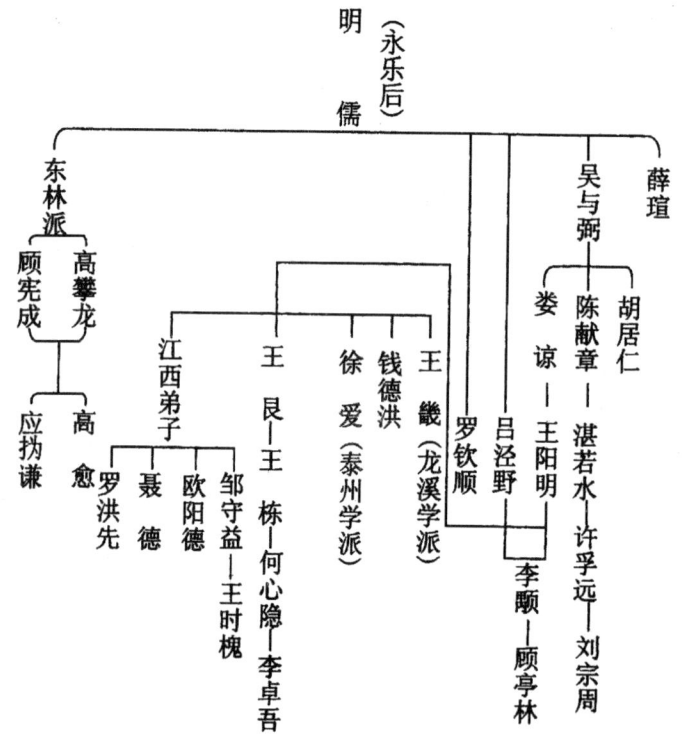

永乐时，薛、吴二人，颇有研究，立明代哲学之基。薛瑄（敬轩），陕西人，立论很平正，和朱文公颇相近；明人因为于谦被杀时，他居宰辅地位，不能匡救，很有微词，并且因此轻视他。吴与弼（康斋），家居躬耕，读书虽少，能主苦学力行，很为人所推重；后来他由石亨推荐出仕，对石亨称门下士，士流又引以为耻。

薛的学问，很少流传。吴的学问，流传较广；胡居仁、娄谅和陈献章三人，是他的学生。胡自己没有什么新的发明，明人对他也没有反对。娄的著作后来烧毁净尽，已无可考；不过王阳明是他的学生。陈在胡死后才著名，时人称为白沙先生。

明代学者和宋儒厘然独立，自成系统，自陈白沙始。宋人欢喜著书，并且有"语录"之类。陈白沙认著书为无谓，生平只有诗和序跋之类。他的性质，也和别人不同；初时在阳春坛静坐三年，后来只是游山赋诗，弟子从学也只有跟他游山。陈生平所最佩服的，只是"浴乎沂，风乎舞雩，咏而归，……吾与点也"这些话；对于宋儒都不看重，就是明道也不甚推重；他自以为濂溪（按即周敦颐）嫡派，终日无一时不乐的。白沙弟子湛若水，广东人，本"体认天理"一语，他以为无论何事，皆自然之规则。王阳明成进士时，和他交游，那时他学问高出王之上。后来，王别有研究，和他意见不甚相合；他自己讲学，流传颇广，知名的却很少。

王守仁（阳明）本是欢喜研究道教的，曾延道士至家，再四拜求。后来从娄谅游，成进士后又和湛往来，见解遂有变更；贬龙场驿丞（按王早年因反对宦官刘瑾被贬官）以后，阳明的学问大进。他看得世间别无可怕，只有死是可怕的，所以造石棺以尝死的况味；所主张的"致良知"，就在卧石棺时悟出。在贵州时有些苗民很崇拜他，从他讲求学问，阳明把"知行合一"和他们说。阳明的"知行合一"，和明道有些相同。明道以为曾经试行过，才算得"知"，没曾试行过，不能称为"知"，譬如不知道虎之凶猛的人，见虎不怕，受了虎的损害的，就要谈虎色变了。这类主张，渐变而为阳明的主张。阳明以为知即是行，也可说"知的恳切处即行，行的精粹处即知"。不过阳明的"知行合一"主张，是在贵州时讲的；后来到南京，专讲静坐；归江西后又讲"致良知"了。《传习录》是他在贵州时的产品，和后来有些不合。

阳明自悟得"致良知"以后，和朱文公不能不处于反对地位；并非专和朱反对，才有这些主张的。有人谓"致良知"的主张，宋胡宏在《胡子知言》已有讲起；阳明是否本之于胡，抑自己悟出，这是不能臆断的。阳明讲"良知"，曾攀附到孟子；实在孟子的"良知"，和他的殊不相同。孟子说："人之所不学而能者，其良能也；所不虑而知者，其良知也。孩提之童，无不知爱其亲者，及其长也，无不知敬其兄也。"可见他专就感情立论。阳明以为一念之生，是善是恶，自己便能知道，是溢出感情以外，范围较广了。孟子和阳明的不同，可用佛法来证明，《唯识论》里说：一念的发生，便夹着"相分"、"见分"、"自证分"、"证自证分"四项。且把这四个名词下一解释：

一、相分　"相分"就是"物色"，就是我们所念的。

二、见分　"见分"就是"物色此物色"，也就是我们所能念的。

三、自证分　念时有别一念同时起来，便是"自证分"。譬如我讲了后一句话，自己决不至忘了前一句话，便是"自证分"在那里主之。

四、证自证分　"自证分"的结果，便是"证自证分"。

再用例来说明：譬如，想到几年前的友朋，想到"他姓张或姓李"，后来忽然断定他是姓张，当时并不曾证诸记录或书籍的；这便是"相分，见分，自证分，证自证分"的连合了。依此来判良知，孟子所说是指"见分"，阳明是指"自证分，证自证分"的。可见阳明和孟子是不相关连的，阳明所以要攀附孟子，是儒家的积习：宋人最喜欢的是"喜怒哀乐之未发谓之中"，苏氏兄弟也尝说这话；实在《中庸》所说是专指感情的，宋人以为一切未发都算是中，相去很远了。还有"鸢飞鱼跃，活泼泼地"一语，也为宋人所最爱用，陈白沙更用得多。在《诗经》原意，不过是写景，(按《诗经·大雅·旱麓》第三章：鸢飞戾天，鱼跃于渊。岂弟君子，遐不作人。)《中庸》中"鸢飞戾天，鱼跃于渊，言其上下察也"一节也不过引用诗文来表明"明"的意思。"察，明也"；鸢在上见鱼，很明白地想要攫取；鱼在下见鸢也很明白，立刻潜避了。就是照郑康成的注解，训"察"为"至"，也只说道之流行，虽愚夫愚妇都能明白，用鸢鱼来表示上下罢了；其中并没含快活的意思。宋人在"鸢飞鱼跃"下面，一定要加"活泼泼地"四字，和原意也不同了。——这些和阳明攀附孟子是一样的。

阳明"致良知"的主张，以为人心中于是非善恶自能明白，不必靠什么典籍，也不必靠旁的话来证明；但是第二念不应念，有了第二念自己便不明了。人以为阳明的学说，很宜于用兵；如此便不至有什么疑虑和悔恨。

晚年阳明讲"天泉证道"，王畿 (龙溪) 和钱德洪 (绪山) 是从游的。钱以为"无善无恶心之体，有善有恶心之动，知善知恶为致知，存善去恶为格物。"王和他不同，以为一切都是无善无恶的。阳明对于这两种主张，也不加轩轾于其间。

阳明的弟子，徐爱早死，钱德洪的学问，人很少佩服他。继承阳明的学问，要推王艮和王畿。王艮，泰州人，本是烧银的灶丁，名"银"，"艮"是阳明替他改的。他见阳明时，学问已博，初见时阳明和他所讲论，他尚不满意，以为阳明不足为之师，后来阳明再讲一段，他才佩服。他的学问，和程明道、陈白沙颇相近，有《学乐歌》："学是乐之学，乐是学之乐。"从他游的颇多寻常人，间有上流人，自己真足自命不凡的。王畿是狂放的举人，很诽议阳明的，后来忽又师事阳明了。黄梨洲 (按即黄宗羲)《明儒学案》对于二王都有微词；他佩服的是阳明的江西弟子。

阳明的江西弟子，以邹守益、欧阳德、聂德、罗洪先为最有造就。罗自有师承，非阳明弟子，心里很想从阳明游，不能如愿，后来阳明也死了。阳明弟子强罗附王，他也就承认。罗的学问比他弟子高深得多；自己静坐有得，也曾访了许多僧道。他说："极静之时，但觉此心本体如长空云气，大海鱼龙；天地古今，打成一片。"黄佐对于罗的论调，最不赞同；以为是参野狐禅，否则既谓无物，哪有鱼龙。实在，心虽无物而心常动；以佛经讲，"阿赖耶识"是恒转如瀑流，就是此意。罗所说"云气"和"鱼龙"是表示动的意思。罗洪先自己确是证到这个地步，前人没有及他的了。

王时槐的学问自邹守益传来，见解颇精深。他说："纯无念时，是为一念，非无念也，时之至微者也。"譬如吾人入睡，一无所梦，这时真可算无念，但和死却有分别的。就佛法讲"意根恒审思量"，意根念念所想的什么？就是"我"，"我"就是"阿赖耶识"。我所以不忘这"我"，便因有了"意根"之故。"我"，寻常人多不疑，譬如自己说了一句话，决不会疑"这是谁说的？"至于其余对象，我们总要生一种疑虑的。念念想着，和无念竟是差不多；我们从早晨起来感到热，继续热下去，也就感不到了。所以纯无念时，仍有一念。

王艮弟子王栋主张意与心有分，以为"意非心之所发，意为心之主者"。这种主张，和佛法说有些相同。佛法以"阿赖耶识"自己无作用，有了意根，才能起作用，也就是禅宗所谓"识得主人翁"的意思。刘宗周对于王栋的主张很多采取；栋自己看书不多，这种见解，的是证出的。

阳明、若水两派以外，有许多士子信仰吕泾野的主张。吕，陕西人，笃守礼教，和朱文公最相近；立言很平正，无过人处。当时所以能和湛、王并驾，这也因王的弟子，太不守礼法，猖狂使人生厌；那些自检的子弟，就倾向吕泾野了。原来何心隐习泰州之学，差不多和政客一般，张居正恨而杀之；李卓吾师事何心隐，荒谬益甚，当时人所疾首痛心的。这守礼教和不守礼教，便是宋、明学者的大别。宋儒若陆象山见解之超妙，也仍对于礼教拘守不敢离，既禁止故人子的挟妓，又责备吕东莱的丧中见客。明儒若陈白沙已看轻礼教，只对于名节还重视，他曾说："名节乃士人之藩篱。"王阳明弟子猖狂已甚，二王为更甚，顾亭林 (按即顾炎武) 痛骂"王学" (即王阳明所创学派) 也是为此。

湛、王学问，晚年已不相同，但湛弟子许孚远，却合湛、王为一。再传至刘宗周 (蕺山)，自己又别开生面，和湛、王都有些不同。刘主张"意非心之所发"，颇似王栋；"常惺惺"，也是他的主张；这主张虽是宋人已讲过，但他的功夫是很深的。

阳明附会朱文公《晚年定论》，很引起一般人的攻讦；同时有罗钦顺 (整庵) 和他是对抗的。罗的学问，有人说他是朱派，实在明代已无所谓纯粹朱派。罗的见解，又在朱之上，就说是朱派，也是朱派之杰出者。罗本参禅，后来归入理学，纠正宋儒之处很多。朱文公所谓"气质之性，义理之性"，罗表示反对，他说："义理乃在气质之中。"宋人于天理人欲纠缠不清；罗说："欲当即理。"这种见解，和王不同，较朱又高一着，所以能与阳明相抗衡。清戴东原 (按即戴震) 的主张，是师承罗的学说的。

明末，东林派高攀龙、顾宪成等也讲宋人学问，较阳明弟子能守规矩；他们有移风易俗的本意，所以借重礼法。不过党派的臭味太重，致召魏忠贤杀害的惨劫。清初，东林派还有流传，高愈、应扰谦辈也只步武前人罢!

此外尚有李颙（二曲）也是名儒。李，陕西人，出身微贱，原是一个差役。他自己承认是吕派，实际是近王派的，所发见很不少。他每天坐三炷香，"初则以心观心，久之心亦无所观"，这是他的工夫。他尝说"一念万念"一句话。这话很像佛法，但是究竟的意思，他没有说出。我们也不知道他是说"一念可以抵万念呢"？抑或是"万念就是一念呢"？在佛法中谓：念念相接则生时间；转念速，时间长，转念慢，时间短；一刹那可以经历劫。李的本意，或许是如此。李取佛法很多，但要保持礼教面目，终不肯说出。"体用"二字，本出于佛法；顾亭林以此问他，他也只可说"宝物出于异国，亦可采取"了。

清代，理学可以不论，治朱之学远不如朱。陆陇其（稼书）、汤斌等隶事两朝，也为士林所不齿，和吴澄事元有什么分别呢？江藩作《宋学渊源记》，凡能躬自力行的都采入，那在清廷做官的，都在摈弃之列。

颜元（习斋）、戴震（东原），是清代大儒。颜力主"不骛虚声"，劝学子事礼、乐、射、御、书、数，和小学很相宜。戴别开学派，打倒宋学；他是主张"功利主义"，以为欲人之利于己，必先有利于人，并且反对宋人的遏情欲。

罗有高（台山）、彭绍升（尺木）研究王学的。罗有江湖游侠之气，很佩服李卓吾（按即李贽）；彭信佛法，但好扶乩；两人都无足取。

哲学的派别，既如上述，我们在此且总括地比较一下：以哲学论，我们可分宋以来之哲学、古代的九流、印度的佛法和欧西的哲学四种。欧西的哲学，都是纸片上的文章，全是思想，并未实验。他们讲唯心论，看着的确很精，却只有比量，没是现量，不能如各科学用实地证明出来。这种只能说是精美的文章，并不是学问。禅宗说"猢狲离树，全无伎俩"，是欧西哲学绝佳比喻；他们离了名相，心便无可用了。宋、明诸儒，口头讲的原有，但能实地体认出来，却也很多；比欧西哲学专讲空论是不同了。

再就宋以来的理学和九流比较看来，却又相去一间了。黄梨洲说："自阳明出，儒释疆界，邈若山河。"实在儒、释之界，宋已分明；不过儒、释有疆界，便是宋以后未达一间之遗憾。宋以后的理学，有所执着，专讲"生生不灭之机"，只能达到"阿赖耶恒动如瀑流"，和孔子"逝者如斯夫，不舍昼夜"地步；那"真如心"便非理学家所能见。孔子本身并非未尝执着，理学强以为道体如此，真太粗心了！

至于佛法所有奥妙之处，在九流却都有说及，可以并驾齐驱。

佛法说"前后际断"；庄子的"无终无始，无几无时；见独而后，能无古今"，可说是同具一义的。佛法讲"无我"，和孔子的"毋我"、"克己复礼"，庄子的"无己恶乎得有有"，又相同了。佛家的"唯识唯心说"："心之外无一物；心有境无；山河大地，皆心所造"，九流中也曾说过；战国儒家公孙尼子说："物皆本乎心"，孟子说："万物皆备于我"，便是佛家的立意。佛家大乘断"所知障"，断"理障"；小乘断"烦恼障"，断"事障"。孔子说："我有知乎哉？无知也"；老子说："玄之又玄，众妙之门"，又说"涤除玄览"；便是断"所知"和"理"障的了。佛法说："不生不灭"；庄子说："无古今而后入于不死不生"；"不死不生"就是"不生不灭"。佛法说："无修无证，心不见心，无相可得"；孟子说："望道而未之见"（道原是不可见，见道即非道）；庄子说："斯身非吾有也，胡得有乎道？"又相同了。照这么看来，"九流"实远出宋、明诸儒之上，和佛法不相出入的。

我们研究哲学，从宋人入手，却也很好，因为晋人空谈之病，宋人所无，不过不要拘守宋学，才有高深的希望。至于直接研究佛法，容易流入猖狂。古来专讲佛而不讲儒学的，多不足取；如王维降安禄山，张商英和蔡京辈往来，都是可耻的。因为研究佛法的居士，只有五戒，在印度社会情形简单，或可维持；中国社会情形复杂，便不能维持了。历来研究儒家兼讲佛法的，如李习之（按即李翱）、赵大州口不讳佛，言行都有可观。可见研究佛法，非有儒学为之助不可。

第四章　国学之派别（三）

——文学之派别

　　什么是文学？据我看来，有文字著于竹帛叫做"文"，论彼的法式叫做"文学"。文学可分有韵无韵二种：有韵的今人称为"诗"，无韵的称为"文"。古人却和这种不同。《文心雕龙》说："今之常言，有文有笔，有韵者文也，无韵者笔也。"范晔自述《后汉书》说："文患其事尽于形，情急于藻，义牵其旨，韵移其意"，"政可类工巧图绩，竟无得也"，"手笔差易，文不拘韵故也"。可见有韵在古谓之"文"，无韵在古谓之"笔"了。不过做无韵的固是用笔，做有韵的也何尝不用笔，这种分别，觉得很勉强，还不如后人分为"诗""文"二项的好。

　　古时所谓文章，并非专指文学；孔子称"尧、舜焕乎其有文章"，是把"君臣朝廷尊卑贵贱之序，车舆衣服宫室饮食嫁娶丧祭之分"叫做"文"，"八风从律，百度得数"叫做"章"；换句话说：文章就是"礼"、"乐"。后来范围缩小，文章专指文学而言。

文学中有韵无韵二项，后者比前者多。我们现在先讨论无韵的文。在讨论文的派别之先，把文的分类讲一讲，并列表以清眉目：

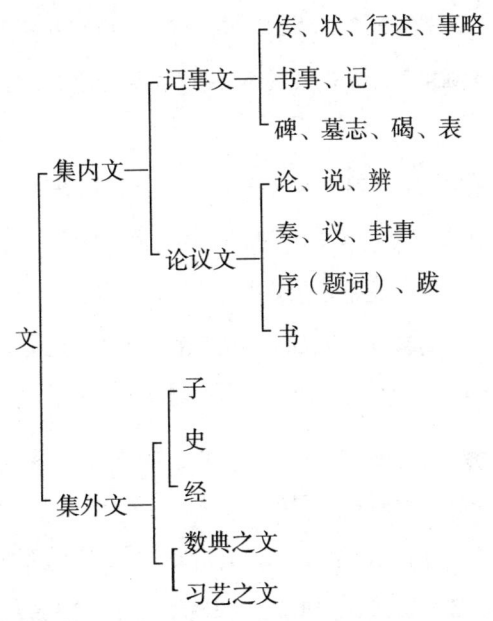

我们普通讲文，大概指集部而言，那经、史、子，文非不佳，而不以文称。但上表所列文的分类中，以"传"而论，"四史"（按即《史记》、《汉书》、《后汉书》、《三国志》的总称）中列传已在集部以外，"本纪"、"世家"和"传"是同性质的，也非集部所有；集部只有

"家传"。以"论"而论，除了文人单篇的论文，也有在集部以外的；譬如：庄子《齐物论》，荀子《礼论》、《乐论》，贾谊《过秦论》都是子部所有的。以"序"而论，也只单篇的，集中所已备；那连合的序，若《四库提要》，就非集部所有。至如"编年史"中《左传》、《资治通鉴》之类和"名人年谱"，都是记事文，也非集部所能包了。

"传"是记述某人的一生或一事，我们所普通见到的。明人以为没曾做过史官，不应替人做"传"；我以为太拘了。史官所做，是卿相名人的"传"。那普通人的"传"，文人当然可以做的。"行述"、"状"和"传"各不相同。"状"在古时只有几句考语，用以呈诸考功之官，凭之以定谥法。自唐李翱以为"状"仅凭考语不能定谥法，乃定"状"亦须叙事，就与"传"相同。"行述"须叙事，形式与"传"虽相同而用处不同。

"碑"原非为个人而作，若秦"峄山碑"是记始皇的功绩，汉裴岑"纪功碑"是记破西域的事迹，差不多都是关于国家大事的。就以"庙碑"而论，虽为纪事，也不是纯为纪事的。只有墓上之碑，才是为个人而作。"碑"、"碣"实质是一样的，只大小长短不同。唐五品以上可用"碑"，六品以下都用"碣"的。"表"和"碑"、"碣"都不同，没有大小长短的区别。说到彼等的内质，"传"是纪事的；"状"是考语兼纪事的；"碑"是考语多，后附有韵的铭，间有纪事，也略而不详；宋以后"碑"和"传"只有首尾的不同了。"表"，宋后就没有"铭"；在汉时有"表记"、"表颂"的不同，"表颂"是有"铭"的。汉以前没有"墓志"，西晋也很少，东晋以后才多起来。这也因汉人立碑过多，东晋下令禁碑；"墓志"藏在墓内，比较便当一些。北朝和唐并不禁碑，而墓志很流行；一、官品不及的；二、官品虽大曾经犯罪的；三、节省经费的，都以此为便。"墓志"的文章，大都敷衍交情，没有什么精采。至很小的事，记述大都用"书事"或"记"等。

单篇论文，在西汉很少，就是《过秦论》也见贾子《新书》中的。东汉渐有短论，延笃《仁孝先后论》可算是首创。晋人好谈名理，"论说"乃出。这种论文，须含陆士衡《文赋》所说"精微流畅"那四字的精神。

"奏"，秦时所无，有之自汉始。汉时奏外尚有"封事"，是奏密事用的。奏，有的为国家大事，有的为个人的事，没有定规的。"议"，若西汉《石渠议》、《盐铁论》、《白虎通》，都是合集许多人而成的；后来，凡议典礼，大都用"议"的。

"书"，在古时已有，差不多用在私人的往还，但古人有"上书"，则和"奏记"差不多，也就是现今的"说帖"和"禀"。至如刘歆《移让太常博士书》，却又和"移文"一样了。

"序"，也是古所已有，如《序卦》、《书序》、《诗序》都是的；刘向《别录》和《四库提要》也是这一类。后人大概自著自作，或注释古书附加一序的。古人的"题词"和"序"相同，赵岐注《孟子》，一"序"一"题词"，都用在前面。"跋"，大都在书后，体裁和序无不同之处。

纪事论议而外，尚有集部所无的，如：

（一）数典之文：

甲、官制　如《周礼》、《唐六典》、《明清会典》之类。

乙、仪注　《仪礼》、《唐开元礼》等皆是。

丙、刑法　如《汉律》、《唐律》、《明律》、《清律》之类。

丁、乐律　如宋《律吕正义》、清《燕乐考原》等。

戊、书目　如刘向《别录》，刘歆《七略》，王俭、阮孝绪《七录》、《七志》，宋《崇文书目》，清《四库提要》之类。

（二）习艺之文：

甲、算术　如《九章算法》、《圜法》之类。

乙、工程　如《周礼·考工记》，徐光启的《龙骨车》、《玉衡车》之类。

丙、农事　如北魏《齐民要术》、元王桢《农书》、明徐光启

《农政全书》之类。

丁、医书　如《素问》、《灵枢》、《伤寒论》、《千金要方》之类。

戊、地志　如《禹贡》、《周礼·职方志》、《水经》、《水道提纲》、《乾隆府厅州县志》、《方舆志略》之类。

以上各种，文都佳绝，也非集部所具的，所以我们目光不可专注在集部。

文学的分类既如上述，我们再进一步讨论文学的派别：

经典之作，原非为文；诸子皆不以文称。《汉书·贾谊传》称贾谊"善属文"，文乃出。西汉一代，贾谊、董仲舒、太史公、枚乘、邹阳、司马相如、扬雄、刘向，称为"文人"；但考《汉书》所载赵充国的奏疏，都卓绝千古，却又不以"文人"称，这是什么原故呢？想是西汉所称为"文人"，并非专指行文而言，必其人学问渊博，为人所推重，才可算文人的。东汉班彪著《王命论》，班固著《两都赋》，以及蔡邕、傅毅之流，是当时著称的文人。但东汉讲政治若崔实《政论》，仲长统《昌言》，说经若郑康成之流，行文高出诸文人上，又不以文名了。在西汉推尊文人，大概注目在淹博有学问一点，东汉推尊的文人，有些不能明白了。东、西汉文人在当时并无派别，后人也没曾有人替他们分成派别的。

三国时曹家父子三人（操、丕、植）文名甚高。操以《诏令》名，丕以《典论》名，植以《求自试表》等称；人们所以推尊他们，还不以其文，大都是以诗推及其文的。徐干诗不十分好，《中论》一书也不如仲长统所著而为当时所称；吴中以张昭文名为最高，我们读他所著，也无可取，或者以道德而推及其文的。陆家父子（逊、抗、凯、云、机）都以文名，而以陆机为尤，他是开晋代文学之先的。晋代潘、陆虽并称，但人之尊潘终不如陆，《抱朴子》中有赞陆语，《文中子》也极力推尊他，唐太宗御笔赞也只有陆机、王羲之二人，可见人们对他的景仰了。自陆出，文体大变：两汉壮美的风气，到了他变成优美了；他的文，平易有风致，使人生快感的。晋代文学和汉代文学，有大不同之点。汉代厚重典雅，晋代华妙清妍，差不多可以说一是刚的、一是柔的。东晋好谈论而无以文名者，骈文也自此产生了。南北朝时傅季友（宋人）骈体殊佳，但不能如陆机一般舒卷自如，后此任昉、沈约辈每况斯下了。到了徐、庾之流，去前人更远，对仗也日求精工，典故也堆叠起来，气象更是不雅淡了。至当时不以文名而文极佳的，如著《崇有论》的裴頠，著《神灭论》的范缜等；更如孔琳（宋）、萧子良（齐）、袁翻（北魏）的奏疏，干宝、袁宏、孙盛、习凿齿、范晔的史论，我们实在景仰得很。在南北朝，文家亦无派别，只北朝人好摹仿南朝，因此有推尊任昉的有推尊沈约的等不同。北朝至周，文化大衰，到了隋代，更是文不成文了。

唐初文也没有可取，但轻清之气尚存，若杨炯辈是以骈兼散的。中唐以后，文体大变，变化推张燕公（按即张说，玄宗时封燕国公）、苏许公（按即苏颋，袭封许国公）为最先，他们行文不同于庾，也不同于陆，大有仿司马相如的气象。在他们以前，周时有苏绰，曾拟《大诰》，也可说是他们的滥觞。韩、柳的文，虽是别开生面，却也从燕、许出来，这是桐城派不肯说的。中唐萧颖士、李华的文，已渐趋于奇；德宗以后，独孤及的行文，和韩文公更相近了。后此韩文公、柳宗元、刘禹锡、吕温，都以文名。四人中以韩、柳二人最喜造词，他们是主张词必己出的。刘、吕也爱造词，不过不如韩、柳之甚。韩才气大，我们没见他的雕琢气；柳才小，就不能掩饰。韩之学生皇甫湜、张籍，也很欢喜造词。晚唐李翱别具气度，孙樵佶屈聱牙，和韩也有不同。骈体文，唐代推李义山（按即李商隐），渐变为后代的"四六体"，我们把他和陆机一比，真有天壤之分。唐人常称孟子、荀卿，也推尊贾谊、太史公，把晋人柔曼气度扫除净尽，返于汉代的"刚"了。

宋苏轼称韩文公"文起八代之衰"，人们很不佩服。他所说八代，也费端详。有的自隋上推，合南朝四代及晋、汉为八代，这当然不合的；有的自隋上推，合北朝三代及晋、汉、秦为八代，那是更不合了。因为司马迁、贾谊是唐人所极尊的，东坡何至如此糊涂？有的自隋上推，合南朝四代、北朝三代为八代，这恰是情理上所有的。

宋初承五代之乱，已无文可称；当时大都推重李义山，"四六体"渐盛，我们正可以说李义山是承前启后的人，以前是骈体，以后变成"四六"了。北宋初年，柳开得《韩昌黎集》读之，行文自以为学韩，考之实际，和韩全无关系；但宋代文学，他实开其源。以后穆修、尹洙辈也和"四六"离异，习当时的平文（古文一名，当时所无），尹洙比较前人高一着。北宋文人以欧阳修、三苏、曾、王为最著。欧阳本习四六，后来才走入此途；同时和他敌对，首推宋祁。祁习韩文，著有《新唐书》，但才气不如韩。他和欧阳交情最深，而论文极不合。他的长兄宋郊，习燕、许之文，和他也不同。

明人称"唐宋八大家"，因此使一般人以为唐宋文体相同。实在唐文主刚，宋文主柔，极不相同；欧阳和韩，更格格不相入。韩喜造词，所以对于李观、樊宗师的文很同情；欧阳极反对造词，所以"天地轨，万物茁，圣人发"等句，要受他的"红勒帛"（按即红帛做的腰带，此指批改文字时用笔涂抹的痕迹。欧阳修涂抹上述文字，见《梦溪笔谈·九·人事》）。并且"黈纩塞耳，前旒蔽明"二语，见于《大戴礼》，欧阳未曾读过，就不以为然，他无论矣。"三苏"以东坡为最博，洵、辙不过尔尔。王介甫（按即王安石）才高，读书多，造就也较多。曾子固（按即曾巩）读书亦多；但所作《乐记》，只以大话笼罩，比《原道》还要空泛。有人把他比刘原甫，一浮一实，拟于无伦了。宋人更称曾有经术气，更堪一笑！

南宋文调甚俗，开科举文之端。这项文东坡已有雏形，只未十分显露，后来相沿而下，为明初宋濂辈的"台阁体"；中间在元代虽有姚燧、虞集辈尚有可观，但较诸北宋已是一落千丈。

宋代不以文名而文佳者，如刘敞、司马光辈谨严厚重，比欧阳高一等，但时人终未加以青目，这也是可惜的。

明有"前七子"、"后七子"之分。"前七子"（李梦阳等）恨"台阁体"；"后七子"（王世贞等）自谓学秦、汉，也很庸俗。他们学问都差于韩、苏，摹拟不像，后人因此讥他们为伪体。归有光出，和"后七子"中王世贞相抗敌，王到底不能不拜他的下风。归所学的是欧、曾二家，确能入其门庭，因此居伪体之上；正如孟子所说："五谷不熟，不如荑稗"的了！

桐城派，是以归有光为鼻祖，归本为昆山人，后来因为方、姚（按方即方苞，姚即姚鼐）兴自桐城，乃自为一派，称文章正宗。归讲格律、气度甚精工，传到顾亭林有《救文》一篇，讲公式禁忌甚确，规模已定。清初汪琬学归氏甚精，可算是归氏的嫡传，但桐城派不引而入之，是纯为地域上的关系了。

方苞出，步趋归有光，声势甚大，桐城之名以出。方行文甚谨严，姚姬传承他的后，才气甚高，也可与方并驾。但桐城派所称刘大櫆，殊无足取；他们竟以他是姚的先生，并且是桐城人，就凭意气收容了，因此引起"阳湖"和他对抗。阳湖派以恽敬、张惠言为巨子；惠言本师事王灼，也是桐城派的弟子；他们嫉恶桐城派独建旗帜，所以分裂的；可惜这派传流不能如桐城派的远而多。姚姬传弟子甚多，以管同、梅曾亮为最。梅精工过于方、姚，体态也好，惜不甚大方，只可当作词曲看。曾国藩本非桐城人，因为声名煊赫，桐城派强引而入之。他的著作，比前人都高一着；归、汪、方、姚都只能学欧、曾（按此指曾巩）；曾（按此指曾国藩）才有些和韩相仿佛；所以他自己也不肯说是桐城的。桐城派后裔吴汝纶的文，并非自桐城习来，乃自曾国藩处授得的。清代除桐城而外，汪中的文也卓异出众，他的叙事文与姚相同，骈体文又直追陆机了。

我们平心论之，文实在不可分派；言其形式，原有不同，以言性情才力，各各都不相同，派别从何分起呢？我们所以推重桐城派，也因为学习他们的气度格律，明白他们的公式禁忌，或者免除那"台阁派"和"七子派"的习气罢了。

他们所告诉我们的方式和禁忌，就是：

一、官名、地名应用现制。

二、亲属名称应仍《仪礼·丧服》、《尔雅·丧服》之旧。（按《尔雅》无此篇，疑当为《尔雅·释亲》）

三、不俗——忌用科举滥调。

四、不古。

五、不枝。

我们在此可以讨论有韵文了。有韵文是什么？就是"诗"；有韵文虽不全是诗，却可以归在这一类。在古代文学中，诗而外，若"箴"，全是有韵的；若"铭"，虽杂些无韵，大部分是有韵的；若"诔"，若"像赞"，若"史述赞"，若"祭文"，也有有韵的，也有无韵的。那无韵的，我们可归之于文；那有韵的可归之于诗了。至于《急就章》、《千字文》、《百家姓》、医方歌诀之类，也是有韵的，我们也不能不称之为诗。——前次曾有人把《百家姓》可否算诗来问我，我可以这么答道："诗只可论体裁，不可论工拙，《百家姓》既是有韵，当然是诗。"——总之，我们要先确定有韵为诗，无韵为文的界限，才可以判断什么是诗，像《百家姓》之流，以工拙论，原不成诗，以形式论，我们不能不承认他是诗。

诗以广义论，凡有韵是诗；以狭义论，则惟有诗可称诗。什么可称诗？《周礼·春官》称六诗，就是风、赋、比、兴、雅、颂。但是后来赋与诗离，所谓比、兴也不见于《诗经》。究竟当日的赋、比、兴是怎样的？已不可考。后世有人以为赋、比、兴就在《风》、《雅》、《颂》之中，《郑志》张逸问："何诗近于比、赋、兴？"答曰："比、赋、兴，吴札观诗时，已不歌也。孔子录诗，已合《风》、《雅》、《颂》中，难复摘别，篇中义多兴，此谓比、赋、兴各有篇什。自孔子淆杂第次而毛公独旌表兴，其比、赋俄空焉。圣者颠倒而乱形名，大师偏翥而失邻类。"郑康成《六艺论》也说：《风》、《雅》、《颂》中有赋、比、兴。《毛传》在诗的第一节偶有"兴也"二字；朱文公也就自我作古，把"比也"、"赋也"地添起来了。我以为诗中只有《风》、《雅》、《颂》，没有赋、比、兴。左氏说："《彤弓》、《角弓》，其实《小雅》也；吉甫作诵，其风肆好，其实《大雅》也。"考毛公所附"兴也"的本义，也和赋、比、兴中的"兴"不同，只不过像《乐府》中的"引"、"艳"一样。

"六诗"（按《诗经》学名词）本义何在？我们除比、兴不可考而外，其余都可溯源而得之：

一、风 《诗·小序》："风者，上以风化下，下以风刺上。"我以为"风"的本义，还不是如此。风是空气的激荡，气出自口就是风，当时所谓"风"，只是口中所讴唱罢了。

二、颂 "颂"在《说文》就是"容"字,《说文》中"容"只有纳受的意义,这"颂"字才有形容的意义。《诗·小序》谓:"颂者,美盛德之形容。"我们于此可想见古人的"颂"是要"式歌式舞"的。

三、赋 古代的"赋",原不可见,但就战国以后诸赋看来都是排列铺张的。古代凡兵事所需,由民间供给的谓之"赋",在收纳民赋时候,必须按件点过。赋体也和按件点过一样,因此得名了。

四、雅 这项的本义,比较的难以明白。《诗·小序》说:"雅者,正也。""雅"何以训作正?历来学者都没有明白说出,不免引起我们的疑惑。据我看来,"雅"在《说文》就是"鸦","鸦"和"乌"音本相近,古人读这两字也相同的,所以我们也可以说"雅"即"乌"。《史记·李斯传·谏逐客书》、《汉书·杨恽传·报孙会宗书》均有"击缶而歌乌乌"之句,人们又都说"乌乌"秦音也,秦本周地,乌乌为秦声,也可以说乌乌为周声。又商有"颂"无"雅",可见"雅"始于周。从这两方面看来,"雅"就是"乌乌"的秦声,后人因为他所歌咏的都是庙堂大事,因此说"雅"者正也。《说文》又训"雅"为"疋",这两字音也相近。"疋"的本义,也无可解,说文训"疋"为"足",又说:"疋,记也。"大概"疋"就是后人的"疏",后世的"奏疏",也就是记。《大雅》所以可说是"疋"，也就因为《大雅》是记事之诗。

我们明白这些本义，再去推求《诗经》，可以明白了许多。

太史公在《孔子世家》说："古者诗三千余篇，及至孔子，去其重，取可施于礼义；上采契、后稷，中述殷、周之盛，至幽、厉之缺，始于衽席。故曰《关雎》之乱以为《风》始。《鹿鸣》为《小雅》始，《文王》为《大雅》始，《清庙》为《颂》始，三百五篇，孔子皆弦歌之以求合韶、武、雅、颂之音。"可见古诗有三千余篇。有人对于三千余篇有些怀疑，以为这是虚言。据我看来，这并非是虚言。《风》、《雅》、《颂》已有三百余篇，考他书所见逸诗，可得六百余篇；若赋、比、兴也有此数，就可得千二百篇了。《周礼》称九德(按指九种品德)六诗之歌，可见六诗以外，还有所谓九德之歌。在古代盛时，"官箴、占繇皆为诗，所以序《庭燎》称'箴'，《沔水》称'规'，《鹤鸣》称'诲'，《祈父》称'刺'，诗外更无所谓官箴，辛甲诸篇，也在三千之数。"(按《庭燎》、《沔水》、《鹤鸣》、《祈父》为《诗经》篇名)我们以六诗为例，则九德也可得千八百篇：合之已有三千篇之数，更毋庸怀疑。至于这三千篇删而为三百篇，是孔子所删，还是孔子以前已有人删过呢？我们无从查考。不过孔子开口就说诵诗三百，恐怕在他以前，已有人把诗删过了！大概三千篇诗太复杂，其中也有诵世系以劝戒人君，若《急就章》之流，使学者厌于讽诵；至若比、赋、兴，虽依情志，又复广博多华，不宜声乐；因此十五流中删取其三，到了孔子不过整齐彼的篇第不使凌乱罢了。

《诗经》只有《风》、《雅》、《颂》，赋不为当时所称，但是到了战国，赋就出来了。屈原、孙卿（按即荀子）都以赋名：孙卿以《赋》、《成相》分二篇，题号已别；屈原《离骚》诸篇，更可称为卓立千古的赋。《七略》次赋为四家：一曰屈原赋，二曰陆贾赋，三曰孙卿赋，四曰杂赋。屈原的赋是道情的，孙卿的赋是咏物的，陆贾赋不可见，大概是"纵横"之变。后世言赋者，大都本诸屈原。汉代自从贾生《惜誓》上接《楚辞》、《鹏鸟》仿佛《卜居》，司马相如自《远游》流变而为《大人赋》，枚乘自《大招》、《招魂》散而为《七发》，其后汉武帝《悼李夫人》、班婕妤《自悼》，以及淮南、东方朔、刘向辈大都自屈、宋脱胎来的。至摹拟孙卿的，也有之，如《鹦鹉》、《焦鹩》诸赋都能时见一端的。

三百篇（按即《诗经》）以后直至秦代，无诗可见。一到汉初，诗便出来了。汉高祖《大风歌》，项羽《虞兮歌》，可说是独创的诗。此后五言诗的始祖，当然要推《古诗十九首》；这十九首中据《玉台新咏》指定九首是枚乘作的，可见这诗是西汉的产品。至苏武、李陵赠答之诗，有人疑是东汉时托拟的。这种五言诗多言情，是继四言诗而起的，因为四言诗至三百篇而至矣尽矣，以后继作，都不能比美，汉时虽有四言诗，若韦、孟之流，才气都不及，我们总觉得很淡泊。至碑铭之类——《峄山碑》等——又是和颂一般，非言情之作，其势非变不可，而五言代出。

汉代雅已不可见，《郊祀歌》之流，和颂实相类似，四言而外，也有三言的，也有七言的。此后颂为用甚滥，碑铭称"颂"，也是很多的。

汉代文人能为赋未必能以诗名，枚乘以诗长，他的赋却也不甚著称。东汉一代，也没有卓异的诗家；若班固等，我们只能说是平凡的诗家。

继《十九首》而振诗风，当然要推曹孟德（按即曹操）父子；孟德的四言，上不摹拟《诗经》，独具气魄，其他五言、七言诸诗，虽不能如《十九首》的冲淡，但色味深厚，读之令人生快。魏文帝和陈思王的诗，也各有所长，同时刘桢、王粲辈毕竟不能和他们并驾。钟嵘《诗品》评《古诗十九首》说是"一字千金"，我们对于曹氏父子的诗，也可以这样说他，真所谓："其气可以抗浮云，其诚可以比金石。"

语曰："在心为志，发言为诗。"可见诗是发于性情。三国以前的诗，都从真性情流出，我们不能指出某句某字是佳；他们的好处，是无句不佳、无字不佳的。曹氏父子而后，就不能如此了。

曹氏父子而后，阮籍以《咏怀诗》闻于世；他本好清谈，但所作的诗，一些也没有这种气味。《诗品》称阮诗出于《离骚》，真是探源之论；不过陈思王的诗，也出自《离骚》，阮的诗还不能如他一般痛快。

晋初，左思《咏史诗》、《招隐诗》风格特高，与曹不同，可说是独开一派。在当时他的诗名不著，反而陆机、潘岳辈以诗称。我们平心考察：陆诗散漫，潘诗较整饬，毕竟不能及左思；他们也只可以说是作赋的能手罢了。当时所以不看重左思，也因他出身微贱，不能像潘、陆辈身居贵胄的原故。《诗品》评诗，也不免于徇俗，把左思置在陆、潘之下，可为浩叹！其他若张华的诗，《诗品》中称他是"儿女情多，风云气少"；我们读他的诗意，只觉得是薄弱无力量；所谓儿女情多，也不知其何所见而云然，或者我们没曾看见他所著的全豹，那就未可臆断了！

东晋清谈过甚，他们的"清谈诗"，和宋时"理学诗"一般可厌。他们所做的诗，有时讲讲庄、老，有时谈谈佛理，像孙绰、许询辈都是如此。孙绰《天台山赋》有"大虚辽廓而无阂，运自然之妙有"等句，是前人所不肯用的。《诗品》说他们的诗，已是"风骚体尽"，确是不错。在东晋一代中无诗家可称，但刘琨《扶风歌》

等篇，又是诗中佳品，以武人而能此，却也可喜！

陶渊明出，诗风一振；但他的诗终不能及古人，《诗品》评为"隐逸之诗"。他讲"田舍风味"，极自然有风致，也是独树一帜。在他以前，描写风景的诗很少；至他专以描写风景见长，如"采菊东篱下，悠然见南山"之句，真古人所不能道。渊明以后，谢灵运和颜延之二家继他而起。谢描摹风景的诗很多，句调精炼，《诗品》说他是"初出芙蓉"。颜诗不仅描风景，作品中也有雕刻气，所以推为诗家，或以颜学问淹博之故。《诗品》评颜谓为"镂金错彩"。陶诗脱口自然而出，并非揉作而成，虽有率尔之词，我们总觉得可爱。如谢诗就有十分聱牙之处，我们总可以觉得他是矫作的。小谢(谢朓)写风景很自然，和渊明不相上下；而当时学者终以小谢不及大谢 (按即谢灵运)，或者描写风景之诗，大家都爱工巧，所以这般评论。梁代诗家推沈约——永明体自他出——律诗已有雏形了。古诗所以变为律诗，也因谢、颜诗不可讽诵，他因此故而定句调。沈约的律诗，和唐后律诗又不相同。《隋书·经籍志》载他的《四声谱》有一卷，可见谱中所载调是很多的，并不像唐后律诗这么简单。他的《四声谱》，我们虽不能见，但读他的诗，比谢、颜是调和些，和陶、小谢却没有什么分别呢。

宋鲍照、齐江淹，也以诗名。鲍有汉人气味，以出身微贱，在当时不甚著称。江善于拟古，自己的创作却不十分高明。

南北朝中，我们只能知道南朝的作品，北朝究竟有无诗家，久已无从考得，但《木兰诗》传自北朝，何等高超，恐怕有些被淹没了呢！

梁末，诗又大变，如何逊、阴铿的作品，只有一二句佳绝了。在此时，古今诗辟下一大界限，全篇好是古诗的特色，一二句好是此后的定评。隋杨素诗绝佳，和刘琨可仿佛。此时文人习于南北朝的诗风，爱用典故，并喜雕琢；杨素武人不爱雕琢，亦不能雕琢，所以诗独能过人。当时文人专着眼在一二句好处，对于杨素不甚看重。 所以隋炀帝为了忌嫉"空梁落燕泥"、"庭草无人随意绿"二佳句，就杀两诗人了。

唐初，律诗未出，唐太宗和魏征的诗，和南北朝相去不远。自四杰 (骆宾王、王勃、杨炯、卢照邻) 出，作品渐含律诗的气味，不过当时只有五言律，并未有七言律。四杰之文很卑微，他们的诗，却有气魄。成就五言的是沈佺期、宋之问，他们的诗，气魄也大，虽有对仗，但不甚拘束。五言古诗到此时也已穷极，五律、七古不能不产生了。——唐以前七古虽有，但不完备，至唐始备全。七古初出，若李太白、崔颢的诗，都苍苍茫茫，信笔写去，无所拘忌。李诗更含复古的气味，和同时陈子昂同一步骤。

盛唐诗家以王维、孟浩然、张九龄为最。张多古诗，和李、陈同有复古的倾向。王、孟诗与陶相近，作品中有古诗、有律诗，以描写风景为最多，都平淡有意趣。

李、陈、张三家都是复古诗家，三人中自然推李为才最高。他生平目空古人，自以为在古人之上，在我们看来，他的气自然盛于前人，说他是高于前人恐怕未必。王、孟两家是在古今之间，到了杜甫，才开今派的诗。

杜甫的诗，元稹说他高于李，因为杜立排律之体，为李所不及的。据我看来，李诗是成线的，杜诗是成面的；杜诗可说是和"赋"有些相像，必要说杜胜于李却仍不敢赞同。并且自杜诗开今，流于典故的堆叠，自然的气度也渐渐遗失，为功为罪，未可定论！至于杜的古诗，和古人也相去不远；只排律一体，是由他首创，"子美别开新世界"，就是这么一个世界罢！在杜以前诸诗家，除颜延之而外，没有一个以多用书为贵的；自杜以后，才非用典故，不能夸示于人。或者后人才不如古，以典故文饰，可掩了自己的短处！正如天然体态很美的女子，不要借力于脂粉；那些体态不甚美的，非借此不可了。昌黎的诗，习杜之遗风，更爱用典故，并爱用难识的字，每况愈下了，但自然之风尚存，所以得列于诗林。

韦应物、柳宗元两家，和昌黎虽同时，而作品大不相同。他们有王、孟气味，很自然平淡的。我们竟可以说柳的文和诗截不相同。同时有元微之、白居易二家，又和别家不同；他们随便下笔，说几句民情，有《小雅》的风趣，他们所以见称也以此。

晚唐，温庭筠、李义山两家爱讲对仗，和杜甫爱典故是一样的，结合便成宋代的诗风。"西昆体"染此风甚深，所以宋代诗话，专在这些地方留意。

宋初，欧阳修、梅圣俞对于"西昆体"很反对；但欧阳修爱奇异的诗句，如"水泥行郭索（这句是咏蟹，'郭索'两字见扬子《太玄经》），云木叫钩辀（这句是咏鸠，'钩辀'两字见陆机《毛诗草木鸟兽虫鱼疏》）"二句，已不可解，他却大加赞赏；和他的论文大相抵触的。梅圣俞的诗，开考古之源；和古人咏古的诗，又大不相同了。总之，宋人的诗，是合"好对仗、引奇字、考据"三点而成，以此病入膏肓。苏轼的诗，更打破唐诗的规模，有时用些佛典之法理，太随便了。王荆公爱讲诗律，但他的诗律，忽其大者而注重小者，竟说："上句用《汉书》，下句也要用《汉书》的。"（按原话为："用汉人语，止可以汉人语对。"见《石林诗话》）自此大方气象全失；我们读宋祁"何言汉朴学（见《汉书》），反似楚技官（见《史记·吴起传》）"之句，再看王维"正法调狂象（见佛法），玄言问老龙（见《庄子》）"之句，真有天壤之判呢！有宋一代，诗话很多，无一不深中此病。惟《沧浪诗话》和众不同，他说"诗有别才，不关学也；诗有别趣，不关理也"。此种卓见，可扫宋人的习气了。

南宋，陆放翁含北宋习气也很深，惟有范石湖 (按即范成大)、刘复村 (按疑为刘克庄，号后村之误) 自有气度，与众不同。黄山谷 (按即黄庭坚) 出，开江西诗派之源。黄上学老杜，开场两句必对仗，是他们的规律，这一派诗无足取。

元、明、清三代诗甚衰，一无足取。高青邱 (按明诗人高启，号青邱子) 的诗失之靡靡，七子的诗失之空门面，王渔洋、朱彝尊的诗失之典泽过浓，到了翁方纲以考据入诗，洪亮吉爱对仗，更不成诗。其间稍可人意的，要推查初白 (按即查慎行) 的，但也不能望古人之项背。洪亮吉最赏识"足以乌孙涂上茧，头几黄祖座中枭"二句，我们读了只作三日呕！

诗至清末，穷极矣，穷则变，变则通；我们在此若不向上努力，便要向下堕落。所谓向上努力就是直追汉、晋，所谓向下堕落就是近代的白话诗；诸君将何取何从？提倡白话诗人自以为从西洋传来；我以为中国古代也曾有过，他们如要访祖，我可请出来。唐代史思明——夷狄——的儿子史朝义，称怀王，有一天他高兴起来，也咏一首樱桃的诗："樱桃一篮子，一半青，一半黄；一半与怀王，一半与周贽。"

　　那时有人劝他，把末两句上下对调，作为"一半与周赟，一半与怀王"，便与"一半青，一半黄"押韵；他怫然道："周赟是我的臣，怎能在怀王之上呢？"如在今日，照白话诗的主张，他也何妨说"何必用韵呢"？这也可算白话诗的始祖罢。一笑！

第五章 结 论

——国学之进步

中国学术，除文学不能有绝对的完成外，其余的到了清代，已渐渐告成，告一结束。清末诸儒，若曾国藩、张之洞辈都以为一切学问已被前人说尽，到了清代，可说是登峰造极，后人只好追随其后，决不再能超过了。我以为后人仅欲得国学中的普通学识，则能够研究前人所已发明的，可算已足，假使要求真正学问，怕还不足罢！即以"考据"而论，清代成就虽多，我们依着他们的成规，引而伸之，也还可以求得许多的知识。在他们的成规以外，未始没有别的途径可寻；那蕴蓄着未开辟的精金正多呢！总之，我们若不故步自封，欲自成一家言；非但守着古人所发明的于我未足，即依律引伸，也非我愿，必须别创新律，高出古人才满足心愿——这便是进步之机。我对于国学求进步之点有三：

一、经学 以比类知原求进步。

二、哲学　以直观自得求进步。

三、文学　以发情止义求进步。——毕竟讲来，文学要求进步，恐怕难能呢？

清代治经学较历代为尤精，我在讲经学之派别时已经讲过；我们就旧有成规再加讲讨，原也是个方法。不过"温故知新"仅"足以为师"，不足语于进步。我们治经必须比类知原，才有进步。因前人治经，若宋、明的讲大体，未免流于臆测妄断；若清代的订训诂，又仅求一字的妥当，一句的讲明，一制的考明，"擘绩补苴"，不甚得大体。我们生在清后，那经典上的疑难，已由前人剖析明白，可让我们融会贯通再讲大体了。

从根本上讲，经史是决不可以分的。经是古代的历史，也可以说是断代史。我们治史，当然要先看通史，再治断代的史，才有效果，若专治断代史，效果是很微细的。治经，不先治通史，治经不和通史融通，其弊与专治断代史等，如何能得利益？前人正犯此病。所以我主张比类求原，以求经史的融会，以谋经学的进步。如何是比类求原？待我说来！经典中的《尚书》、《春秋》，是后代"编年"、"纪传"两体之先源。刘知几曾说"纪传"是源于《尚书》，"编年"是源于《春秋》；章学诚也曾说后代诸史皆本于《春秋》。这二人主张虽不同，我们考诸事实，诸史也不尽同于《尚

书》、《春秋》，而诸史滥觞于彼，是毫无疑义的。所以治经：对于
"制度"，下则求诸《六典》、《会典》诸书，上以归之于《周礼》、
《仪礼》；对于地理，下则考诸史及地舆志，上以归之于《禹贡》及
《周礼·职方志》；即风俗道德，亦从后代记载上求源于经典。总
之，把经看作古代的历史，用以参考后世种种的变迁，于其中看明
古今变迁的中心。那么，经学家最忌的武断、琐屑二病，都可免除
了。未来所新见的，也非今日所可限量呢！

中国哲学在晋代为清谈，只有口说，讲来讲去，总无证据。在
宋、明为理学，有道学问、尊德性之分，自己却渐有所证。在清代
专在文字上求，以此无专长者，若戴东原著《孟子字义疏证》，阮芸
台讲性命，陈兰甫（按即陈澧）著《汉儒通义》，也仅在文字上求、训
诂上求，有何可取！要知哲理非但求之训诂为无用，即一理为人人
所共明而未证之于心，也还没有用处的，必须直观自得，才是真正
的功夫。王阳明辈内证于心，功夫深浅各有不同，所得见解，也彼
此歧异，这也是事实上必有的。理，仿佛是目的地，各人所由的
路，既不能尽同，所见的理，也必不能尽同；不尽同和根源上并无
不合呢！佛家内证功夫最精深，那些堕落的就专在语言文字上讲
了。西洋哲学，文字虽精，仍是想象如此，未能证之于心，一无根
据，还不能到宋学的地步，所以彼此立论，竟可各走极端的。这有

理论无事实的学问，讲习而外，一无可用了！近代法国哲学家柏格森渐注重直觉，和直观自得有些相近了。总之，讲哲理决不可像天文家讲日与地球的距离一样，测成某距离为已精确了。因为日的距离，是事实上决不能量，只能用理论推测的；那心像是在吾人的精神界，自己应该觉得的。所以，不能直观自得，并非真正的哲理；治哲学不能直观自得便不能进步。

文学如何能求进步？我以为要"发情止义"。何为发情止义？如下述："发情止义"一语，出于《诗序》；彼所谓"情"是喜怒哀乐的"情"，所谓"义"是礼义的"义"。我引这语是把彼的意义再推广之："情"是"心所欲言，不得不言"的意思，"义"就是"作文的法度"。桐城派的文章，并非没有法度；但我们细读一过，总觉得无味；这便因他们的文，虽止乎义，却非发乎情；他们所作游记、论文，也不过试试自己的笔墨罢了。王渔洋（按即王士祯）的诗，法度非不合，但不能引人兴趣；也因他偶到一处，即作一诗，仿佛日记一般，并非有所为而作的。清初侯方域、魏叔子（按即魏禧）以明代遗民，心有不平，发于文章，非无感情，但又绝无法度。明末大儒黄梨洲、王船山（按即王夫之），学问虽博，虽有兴亡感慨，但黄文既不类白话，又不类语录，又不类讲章，只可说是像批语；王船山非常生硬，又非故意如此；都可说是不上轨道的。所以文学非但要"止乎义"，还要"发乎情"。那初作文，仅有法度，并无情，用以练习则可，用以传世则不可；仿佛习字用九宫格临帖，是不可以留后的。韩昌黎自以为因文生道，顾亭林对于这话有所批评。实在昌黎之文，并非无情无义，若《书张中丞传后》，自是千古必传的，可惜他所作碑志太多，就多止于义、不发于情的了。苏东坡的史论，有故意翻案的、有不必作的，和场屋文一般，也非发于情之作。古文中非无此流，比较的少一些。诗关于情更深，因为诗专以写性情为主的。若过一处风景，即写一诗，诗如何能佳？宋代苏、黄的诗，就犯此病。苏境遇不佳，诗中写抑郁不平的还多，而随便应酬的诗也很多，就损失他的价值了。唐代杜工部身遇乱世，又很穷困，诗中有情之作，可居半数，其他也不免到一处写一首的。杜以前诸诗家，很少无情之作，即王、孟也首首有情的。至古代诗若《大风歌》、《扶风歌》全是真性情流出，一首便可传了！

诗文二项中：文有有法无情的，也有无法有情的；诗却有情无法少，有法无情多；近代诗虽浅鄙，但非出乎轨外。我们学文学诗，初步当然要从法上走，然后从情创出；那初步即欲文学太史公，诗学李太白的，可称狂妄之人呢！我们还要知文学作品忌多，太多必有无情之作，不足贵了。

二三十年前，讲文学，只怕无情，不怕无义。梁任公（按即梁启超），说我是正统派，这正统派便能不背规则的。在现在有情既少，益以无义，文学衰堕极了。我们若要求进步，在今日非从"发情止义"下手不可；能发情止义，虽不必有超过古人之望；但诗或可超过宋以下诸诗家，文或可超过清以下诸文家！努力！

一、志　　疑

邵力子

太炎先生似乎有两种积习未能全除：一、好奇；二、恶新。

怎样说他好奇呢？如他讲演"知古今人情变迁"一项，说封建时代之"家"与郡县时代之"家"不同，原是很有见解，但所引的例证却不免近于离奇。太炎先生节取了《大学》"欲治其国者，先齐其家"这一句，似乎把别句都忘却了！这一句的下面，不更有一句"欲齐其家者，先修其身"吗？再远些，不更有一句"自天子以至于庶人，壹是皆以修身为本"吗？在《大学》里面所说的"家"，只是在"身"与"国"之间一个阶级，所谓修身齐家治国的原理，是无论封建时代或郡县时代都一样的。照太炎先生所引唐太宗的例，似乎郡县时代治国者便不必齐家！但不知太炎先生也要说郡县时代治国者便不必修身吗？更要说郡县时代的"身"和封建时代的"身"不同吗？否则，唐太宗非能"修身"的人又何以能"治国"呢？再者，唐太宗真算得"能治国"吗？太炎先生是通儒，不该这样近视。凡大乱以后，户口锐减，物质易于供给，人心又厌乱思治，只要有能以武力削平群雄的人，不怕没有一时间的太平。这也不仅唐太宗为然，贞观之治，本没有什么稀罕，而自太宗死后，女祸相踵而起，武氏、韦氏几亡唐室，这明明是太宗宫闱紊乱、贼谋不臧所致，正可作为"治国必先齐家"的一个证据。想不到太炎先生偏来这样翻案。其实，要讲古今人情变迁随处皆可引例，何必创为"郡县时代治国不必齐家"的奇论呢？再，太炎先生讲古今人情变迁，只讲政治上——封建与郡县——的原因，而不及经济上——游牧、耕稼、工商——的原因，也是一个缺点。

太炎先生很有不满意于白话文和白话诗的表示。固然，他和别的顽固派不同，他知道无韵的新体诗也有美感（但不必叫彼做诗）；他知道《尚书》是当时的白话文，他知道白话文能使人易解；他并非一概抹杀。但我正因为他知道了这些而还要特别提出不惬于白话文和白话诗的话，所以说他不免有恶新的成见。关于白话诗，曹聚仁君有致太炎先生信，我不再多说。关于白话文，他既知道《尚书》即是当时的白话，何以古时的白话文可奉为经书而现代的白话文便无价值呢？他引了《尚书·顾命篇》和《汉书》载周昌口吃的话，明明应说古书即古时的白话，而亦惟白话文方能传真，却不料他的结论偏不如是。我以为太炎先生讲到《顾命篇》等，正应提倡用新式标点来读古书，因为"奠丽陈教则肄肄不违"等句，如果早有了标点，则不必要等到清代江艮庭才能知道是临死时舌本强大的口吻了。太炎先生又疑白话文记述方言各异的口语，不应尽同，似乎他于近人"文学的国语"的主张未曾看过，但我还请太炎先生下一比较的断语！白话文固然也不能尽传真相，但比文言文又如何呢？近年来，很有人怕白话文盛行，"国学"即将废绝，其实看了国学讲演会的情形便可释此杞忧。国学讲演会的听众，据我所知，很有许多人是积极地主张白话文的。做白话文与研究国学决不相妨，太炎先生一定能知此理罢！

二、讨论白话诗

曹聚仁

太炎先生：

　　海内青年比年来感于智识之饥荒，奔走往来，欲稍满其万一之欲望而不可得，殆已类涸辙之鲋；当此时也，谁作时雨，谁布甘霖，则不能不仰望于学识鸿博之学者矣。惟其仰望之殷，则学者左右青年之力益巨；惟其左右青年之力之巨，则学者之立言，有不可不慎者在焉。失之毫厘，谬以千里，此今日学者所必兢兢自检者也。先生海内物望，造就淹博，诚吾侪所引领以望之慈母；今也不辞劳顿，以《国学概论》诏吾侪，既昭示治国学之途径，复明告以国学之概况，铭感何如！惟是立论之际，或有偏激之词；在先生原无损于明，而闻者将引以为攻讦之资，似非先生之志也。日昨先生论及白话诗一段，听者有掀髯而喜者，诚以先生之声望，益以先生之主张，附会周纳之，自易动人一时之听；彼是以欣欣然有喜色也。

先生立论之初，恐于白话诗未加详察，故误会之点甚多，敢以鄙意陈之，伏惟昭察！

先生树诗与文之界曰，无韵谓之文，有韵谓之诗。聚仁窃以为诗与文之分以有韵无韵为准，恐非平允之论。韵者诗之表，犹妇人之衣裙也。以妇人之衣裙加于妇人之身，曰是妇人也，诚妇人也；若以妇人之衣裙加于男者之身，而亦必谓之为妇人，宁有斯理乎？《百家姓》四字为句，逢偶押韵，先生亦将名之为诗乎？是故诗与文之不同，不在形式，精神上自有不可混淆者在。然则诗之精神所以大别于文者何在？曰古人已先我知之矣。先生不亦曾引"诗言志"一语乎？此"言志"即诗之精神之所在也。盖文之为用，乃在敷陈事实，而诗则言志，即近人所谓"人生之表现"也。古诗表现人生，已成其为诗，语体诗表现人生较切且深，能不谓之为诗乎？先生摈语体诗于诗之外，以其无韵也；而不知语体诗之为诗，依乎自然之音节，其为韵也，纯任自然，不拘拘于韵之地位、句之长短；诚亦如先生所赞诵"诗歌本脱口而出，自有天然风韵"一语所云。若以语体诗句有长短病之，则《诗经》中之句有长至十三字、短至四字者，何独于语体诗而苛责之？有以语体诗用韵无定所为言，则古诗之为韵，亦若是也。是故统观一切，语体诗确有在诗坛占重要地位之价值，先生胡为而摈之？抑更有进者，语体诗在草创之初，何能责望其必完美无疵；若审其有存在之价值，则明哲若先生，亦应扶将补苴，以底于成矣。

三、政治制度与政治精神

裘可桴

　　《大学》上说治国者必先齐家；家是人组织成的，国也是人组织成的，这组织的方法就是制度。治国齐家，必先有一番格致、诚正、修身的工夫，这工夫就是精神。有了政治精神，才能实行政治制度，使彼名实相符，不同虚设；而且有了政治精神，必能以身作则，有很伟大的感化力。

　　但是治国必先齐家一句话，是古代相传的政治学说，而孔子述之，不是孔子创造的，所以一开口就有慨然怀古的意思。《尧典》上说"克明俊德"，不就是修身么？"亲睦九族"，不就是齐家么？"平章百姓"，不就是治国么？"协和万邦"，不就是明明德于天下么？所以我说：《大学》这章书，是孔子称述古时相传下来的学说，但有些是孔子演绎的话。

　　《大学》只说政治精神，不及政治制度，因制度是同时人个个知道的，可以不说；现在要考究古今政治制度的变迁，自然不能不说。

古时的国，是很小的，家是很大的；那时组织简单，只有家国两阶级。（国家两字联合在一块儿，成了一个名词，这还是一句古语，流传到今，可以表示古代阶级。）治家是宗法制度，治国也是宗法制度。《诗经·公刘》有"君之宗之"一句诗；吕东莱说："公刘整率其民，上则皆属于君，下则各统于宗，其相维如此。"又说："古者建国立宗，其事相须。"可见公刘时代的阶级，只有一个君，一个宗，治国治家的方法，都是宗法。宗法也不是公刘创造的，是慢慢儿演进的；自公刘以前一直追溯上去，到开始把血族组成团体的时代，已是宗法萌芽的时代了。

宗法制度，家受治于家长，家长受治于小宗，小宗受治于大宗，大宗受治于国。那时候，贵族住在都会，平民住在田野；每一姓的家族，组织一个团体，都住在一处地方，像现在聚族而居的村镇一样，不是受治于小宗，就是受治于大宗。村镇以上的一级，就是国。整齐画一，统系分明，层层箝制；家不齐，国是不会治的。到了郡县时代，宗法制度的色彩虽依然存在，而地方日大，人口日多，君权日重，家政范围因此渐渐缩小。这种政治制度的变迁，不一定是秦始皇开始，也是慢慢儿演进的；不过秦始皇顺着时代潮流，把全国一齐改变为郡县罢了。封建时代，家是政治制度的一部分（每一姓是一部分）。郡县时代，家是政治精神的试验品，制度不能不随着时势变迁，精神是永不改变的。

《大学》传第八章释"修身齐家"，大意是说，齐家的人，无论对于家中何人，不杂一些感情作用，可能洞烛物情，因应咸宜。这就是政治精神，也可以说是科学精神。有了这种精神，才能不受蒙蔽，有了不受蒙蔽的原因，治家治国，才能收良好的效果。这理，古今不易，怎会随着时代变迁呢？

太炎先生说："唐太宗治国成绩不坏，世称贞观之治，但他的家庭，却糟极了！杀兄，纳弟媳，这岂不是把《大学》的'欲治其国先齐其家'一语，传第九章'其家不可教而能教人者无之'一语，根本打破么？"我要问：贞观之治的原因，在什么地方？如果说，在杀兄、纳弟媳，那么，《大学》上治国必先齐家一语，就根本打破了，否则这根本依然如故。

我又要问：唐太宗在宫里，有什么颜面，把杀兄的道理，教他子孙？把纳弟妇的道理，教他子孙？家中人还不能教，能教国人么？从太宗本身看，传第九章里"其家不可教而能教人者无之"一语，也不能根本打破。

贞观之治，是人人承认的；力子说没有什么希罕，是把生在这个时代的眼光去批评古人，也有些不合。

太炎先生说：经史所载都是照实写出的白话；足见太炎先生很重视白话文。不过他的意思，是说现在的国语，只能描摹北方人口语的真相，不能描摹南方人口语的真相，这也是实在情形。我只祝颂太炎先生享二三百年的高寿，那时会议席上，人人能操国语，没有一些土白，笔录的人一定能把口语的真相，描摹尽致；那时太炎先生必不说这话了！

四、新诗管见（一）

曹聚仁

新诗古诗，道并行而不相悖；若抱入主出奴的鄙见，以爱恶为去取，则于学问为不忠实，于个人为自满，徒引起无谓的争执罢了。

太炎先生讲演"国学"时，对于新诗大加讥刺；既说"清末诗家的作品不成为诗，白话诗不是诗"，又说"我们不能向上努力，便要向下堕落；所谓向下堕落，便是白话诗"，并引史思明的诗做讥讽的资料。当时听众愉快极了，真所谓"不觉手之舞之，足之蹈之"。仔细看来，真真能了解他的本意的很少，也不过表同情于他的讥刺新诗罢了。你看！史思明的诗，本是说：

　　樱桃一篮子，

　　一半青，

一半黄；

一半与怀王，

一半与周贽。

到了某报记载上，就变成："一览志，一半青，一半黄"了！

太炎先生主张"新诗不是诗"，是先确定了"有韵为诗"、"白话诗全无韵"两前提，论理上并无错误。他承认《百家姓》、《千字文》、《急就章》是诗，也并非故意强辩，为了排斥新诗才引之入内的。他的主张，在新诗未发现以前已确定，是本之于古而立言的。《周官》："瞽矇言讽诵《诗》、《世奠系》。"杜子春曰："《世奠系》谓帝系诸侯卿大夫世本之属是也。"所以太炎先生说："《世奠系》可诵，宜如《急就章》，道姓名，次为韵语，亦诗之流也。"在他主张"诗只问体裁，不问形式"一义之下，我们已不必声辩；他说"白话诗不是诗"，对于白话诗也没有什么侮蔑。不过他说白话诗是向下堕落，既没有客观的证明，用他自己的话，来证他自己的话，又有些矛盾，这是应该商榷的。至于他眼界中认定白话诗全是无韵的一观念，恐怕有些不对，也应商榷的。

据太炎先生理论上的见解，是如甲图；据太炎先生事实上的申明，是如乙图；据太炎先生眼界中的白话诗，是如丙图；据白话诗的事实，是如丁图。请读者先看一看：

甲，

乙，

丙，

丁，

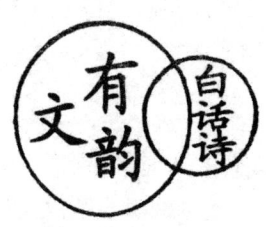

戊，

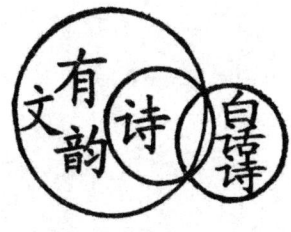

由甲图，我们当然不要再和他讨论，因为他是把诗包在有韵文里面的；但由乙图可见诗的范围可以伸缩，有讨论余地的。由丁图合甲图看来，我们又可得戊图；由戊图可以证明丙图是谬误的看察。至事实上我们也可以用客观的证明：

甲、《草儿》第一首：

　　草儿在前

　　鞭儿在后

　　那喘吁吁的耕牛

正担着犁鸢

聒着白眼

带水拖泥

· 在那里"一东二冬"地走着

这"后"、"走"是同在上声二十五有韵的。

乙、《尝试集》(按胡适的白话诗集)第五页《蝴蝶》诗中"天"、"还"、"怜"是在下平声一先韵，"单"是转入"寒"韵的。

丙、《冬夜》中第二〇五页《欢愁的歌》，第二〇九页《归路》也都是同韵的。

我们再看各杂志各报所载新诗，其中固然有无韵的，但有韵的也很多。可见太炎先生的丙图观念完全错误。

太炎先生讲古诗的流变，有几句很重要的意见：

一、语云"在心为志，发言为诗"。诗是发于真性情的，古时全从真性情流出，所以"民无得而称焉"。

二、陶渊明描摹风景自然有风致，小谢的诗，也是如此；那大谢和颜延之的诗，稍有雕琢及生硬的毛病，便不能及了。

三、隋诗习南北朝遗风，爱用典故，注目在一二句好处；杨素不染这种习气，所以能高出人上。

四、元、白诗说几句民情，随便下笔，毫无拘牵，所以还能得人的同情。

五、宋诗爱对仗，崇典故，杂考据，中病已深，所以愈趋愈下。

六、自然的风度愈遗失，诗的品格愈下；后世矫揉造作愈甚，所以不能望古人之项背。

七、妇人天然美的不必借重于脂粉，惟其天然不美，才借重脂粉，诗也如此。

由这般论断，我不知太炎先生何以要得"白话诗是向下堕落"的答案？或者竟如《墨子》所说："今有人于此，少见黑曰黑，多见黑曰白；则以此人为不知白黑之辩矣。少尝苦是苦，多尝苦曰甘；则以此人为不知甘苦之辩矣。"

我觉得他们所做白话诗中可贵的，也符合太炎先生推尊古诗的条件；其中可鄙弃的，也符合太炎先生鄙弃宋代诗人的条件；似乎可用己图定古诗、白话诗的地位。

己，

（注）有斜线的，表示无聊的诗。

太炎先生讲演时，曾引《沧浪诗话》的"诗有别才，不关学也；诗有别趣，不关理也"；我以为下面还可以续一句"诗有别妙，不关韵也"呢！章实斋 (按即章学诚) 先生在《陈东浦方伯诗序》，有一段持平之论，很可借用。他说：

> 古诗去其音节铿锵，律诗去其声病对偶，且并去其谋篇用事、琢句炼字一切工艺之法，而令翻译者流，但取诗之意义演为通俗语言，此中果有卓然其不可及，迥然其不同于人者，斯可以入五家之推者。苟去是数者，而枵然一无所有，是工艺而非诗。

这确乎其不可拔的主张，恐怕比太炎先生站得稳些！太炎是唯识学者，精于"因明"，我且用因明式来说一说：

宗══白话诗可贵 (非向下堕落)。

因══"发于真性情，自然有风致，无雕琢对仗习气；说几句民情，信笔写出，毫无拘牵"故。

喻══若古诗，陶诗，杨素诗，元、白诗。

五、新诗管见（二）

曹聚仁

一、本文的职务

在（一）中退一步承认太炎先生"有韵为诗，无韵为文"的主张，已证明新诗不能被摈于诗林。又引用太炎先生的主张，也已把"白话诗是向下堕落"这个论断打破。在本文更对于"有韵为诗，无韵为文"一界说有所商榷，全本之内籀归纳之方，用客观来证明的。

太炎先生定"有韵为诗"的界说，也可以说是客观的。他历观往古，诗以外固然也有韵的，而无韵的却未尝在诗林发现，归纳说起来，就可得"有韵为诗"的结论。但这种结论，只能说是形似的，并非探源之论。十五六世纪以前，世界上只有君主国，我们在那时稽古考今，也可以说："国必须有君主；无君主则不成其为国"；但是民主国无政府主义继续地在世界上占位置了，我们能够否认彼等吗？太炎先生"有韵为诗"的界说，只承认过去的事实，否认今后的事实，和认"国家必须有君主"一说犯同样的谬误。不过我们只从今后的事实着眼，还不能折服排斥新诗者，必须从诗的根本发源上标出诗的真本色，才行。要讲明这些，第一步须探求诗文共同的本源，第二步须探求诗文分歧的根源。

二、诗文的共同本源

概括说一句："诗文是同源的。"这源是什么？就是"需求"。人类可以说是需求极发达的动物，世界可以说是需求形成的世界；自母怀堕落的第一声就是需求开幕词，接着就营营逐逐做需求的生活。脑神经是需求出发点，手、足、筋、肉、脏、腑，是满足需求的工具，至申述需求的，便是语言和一部分的筋肉运动。由于语言不能完全申述需求的意思，才产生文字；由文字而产生诗与文；所以我说诗文共同的本源是"需求"。但人类的需求是罕有满足的时候，需求的方式又没有一定的，所以诗文的形式，也没有一定的。当开始需求时，除非自己能力完全能得他，或所需求的目的物和旁人没有关系，否则非用言语或文字来表自己的意见不可。要求助于旁人时，所用的语气或文调，大概和缓卑谦。要旁人了解我的意思使不为我阻时，所用的语文，大概含解释的作用。如目的物和旁人有关，而我的能力又胜于他，那么，所用语文，就有些威迫和恫吓的意味。既着手需求，所得的结果或是失望或是满意。因此，失望的在语文上发出悲哀愤慨的声调，满意的就发出愉快高扬的声调。——不过在此地要明白，所谓需求，并非专指个体而言。所有一群人的需求，或全人类共同的需求，一个体替全人类需求，都包含在里面。我们听了人们的语言，当然明白他所需求的是哪一种。看了人们的诗文，也知道他有哪一种需求。诗文既同出一源，可见根本上并无区别。

三、诗文分歧之原因

诗文虽同出于"需求"，但需求是含智、情、意三种作用的。譬如某甲需求香蕉时，能想象香蕉的形式，或对人能说明我所以要香蕉的理由，这是智的作用。在香蕉形式滋味以外能生快、不快的神经现象，或需求结果时呈露失望和满意的情形，便是情的作用。在感受快、不快以后，能设想满足心志的或抒伸抑郁的，便是意的作用。诗、文所以分歧，便是因此。情意作用发达的是"诗"，理智作用发达的是"文"。因为文是多含理智作用，所以文大概是含解释申述种种情形；诗是多含情意作用，所以诗大概是感慨幽扬而含蕴不全露的。我们就古今诗看来，凡是诗才愈高，他的情意愈深切，他的诗也愈能动人。太炎先生有几句话，大可引来做注脚："观王粲之《从军》而后知杜甫卑闷也；观潘岳之《悼亡》而后知元稹凡俗也；观郭璞之《游仙》而后知李贺诡诞也；观《庐江府吏》、《雁门太守》叙事诸篇而后知白居易鄙俗也；淡而不厌者陶潜，则王维可废也；矜而不蹶者谢灵运，则韩愈可绝也。——要之，本情性限辞语，则诗盛；远情性喜杂书，则诗衰。"后世爱对仗辞章、引用考据奇字的诗，所以诗品不高，也就是对仗辞章考据奇字都是含理智作用，参人情意中去，哪能高妙呢？至古今文中原也有情意蕴著，但理智总比较强一些。我们既明白文是理智产品，诗是情智产品，那"有韵为诗，无韵为文"的主张，已无存在余地。不过文多无韵，诗多有韵，是事实已有的，这是缘何而起？我以为文既由理智出发，便不能不冗长，便不能不以申述详明为手段，无韵是必然的趋势。有时说得畅快流利些，无意中韵也随着上来：如《墨子·七患篇中》"以七患居国，必无社稷；（国、稷同韵）以七患守城，敌至国倾；（城、倾同韵）七患之所当，国必有殃。（当、殃同韵）"一大段，都是极自然的韵脚。至诗既由情意发出，只可说是写出，全不容思考的。若荆轲奋身入秦，在易水上歌曰："风萧萧兮易水寒，壮士一去兮不复还。"当时悲愤填膺，当然无思考余地，突然发出，便是如此的。正惟其听其自然，所以韵的凑合，也很自然。如《诗经》中、古诗中的韵，决非诗韵所能范围。并且由情意而发出的诗，完全是天然的，不期其有韵而韵自具；白话诗也是如此的。所以我们判别诗文决不可专重在有韵无韵的。

附录二

论诸子学

章太炎

　　所谓诸子学者，非专限于周、秦，后代诸家亦得列入，而必以周、秦为主。盖中国学说，其病多在汗漫。春秋以上，学说未兴；汉武以后，定一尊于孔子。虽欲放言高论，犹必以无碍孔氏为宗，强相援引，妄为皮傅，愈调和者愈失其本真，愈附会者愈违其解故，故中国之学，其失不在支离，而在汗漫。自宋以后，理学肇兴。明世推崇朱氏过于素王；阳明起而相抗，其言致良知也，犹云"朱子晚年定论"。孙奇逢辈遂以调和朱、陆为能，此皆汗漫之失也。

　　惟周、秦诸子，推迹古初，承受师法，各为独立，无援引攀附之事。虽同在一家者，犹且矜己自贵，不相通融。故荀子非十二子，子思、孟轲亦在其列。或云:"子张氏之贱儒"、"子游氏之贱儒"、"子夏氏之贱儒",诟詈嘲弄,无所假借。《韩非子·显学篇》云:"世之显学,儒墨也。儒之所至,孔丘也。墨之所至,墨翟也。自孔子之死也,有子张之儒,有子思之儒,有颜氏之儒,有孟氏之儒,有漆雕氏之儒,有仲良氏之儒,有孙氏之儒,有乐正氏之儒。自墨子之死也,有相里氏之墨,有相夫氏之墨,有邓陵氏之墨。故孔、墨之后,儒分为八,墨离为三。取舍相反不同,而皆自谓真。孔、墨不可复生,将谁使定世之学乎?"此可见当时学者,惟以师说为宗,小有异同,便不相附,非如后人之忌狭隘,喜宽容,恶门户,矜旷观也。盖观调和独立之殊,而知古今学者远不相及。

佛家有言,何等名为所熏?"若法平等,无所违逆,能容习气,乃是所熏。此遮善染势力强盛,无所容纳,故非所熏"。"若法自在,性非坚密,能受习气,乃是所熏。此遮心所及无为法,依他坚密,故非所熏。"(见《成唯识论》)此可见古学之独立者,由其持论强盛,义证坚密,故不受外熏也。

或曰:党同门而妒道真者,刘子骏之所恶,以此相责,得无失言?答曰:此说经与诸子之异也。说经之学,所谓疏证,惟是考其典章制度与其事迹而已,其是非且勿论也。欲考索者,则不得不博览传记。而汉世太常诸生，唯守一家之说，不知今之经典，古之官书，其用在考迹异同，而不在寻求义理。故孔子删定六经，与太史公、班孟坚辈，初无高下。其书既为记事之书，其学惟为客观之学。党同妒真，则客观之学必不能就，此刘子骏所以移书匡正也。

若诸子则不然。彼所学者，主观之学，要在寻求义理，不在考迹异同。既立一宗，则必自坚其说。一切载籍，可以供我之用，非束书不观也。虽异己者，亦必睹其文籍，知其义趣，惟往复辩论，不稍假借而已。是故言诸子必以周、秦为主。

古之学者，多出王官。世卿用事之时，百姓当家，则务农、商、畜、牧，无所谓学问也。其欲学者，不得不给事官府为之胥徒，或乃供洒扫为仆役焉。故《曲礼》云："宦学事师。""学"字本或作"御"。所谓宦者，谓为其宦寺也。所谓御者，谓为其仆御也。故事师者，以洒扫进退为职，而后车从者，才比于执鞭拊马之徒。观春秋时，世卿皆称夫子。夫子者，犹今言老爷耳。孔子为鲁大夫，故其徒尊曰"夫子"，犹是主仆相对之称也。《说文》云："仕，学也。""仕"何以得训为"学"？所谓宦于大夫，犹今之学习行走尔。是故非"仕"无学，非学无"仕"，二者是一，而非二也。（"学优则仕"之言出于子夏。子夏为魏文侯师，当战国时，仕学分途久矣，非古义也。）

秦丞相李斯议曰："若欲有学法令，以吏为师。"亦犹行古之道也。惟其学在王官，官宿其业，传之子孙，故谓之畴人子弟（见《史记·历书》）。畴者，类也。《汉律》"年二十三傅之畴官，各从其父学"，此之谓也。（近世阮元作《畴人传》，以畴人为明算之称，非是。）其后有儒家、墨家诸称。《荀子·大略篇》云："此家言邪学所以恶儒者。"当时学术相传在其弟子，而犹称为家者，亦仍古者畴官世业之名耳。

《史记》称老聃为"柱下史"，《庄子》称老聃为"征藏史"，道家固出于史官矣。孔子问礼老聃，卒以删定六艺，而儒家亦自此萌芽。墨家先有史佚，为成王师，其后墨翟亦受学于史角。阴阳家者，其所掌为文史星历之事，则《左氏》所载瞽史之徒能知天道者是也。其他虽无征验，而大抵出于王官。是故汉《艺文志》论之曰：

> 儒家者流，盖出于司徒之官；道家者流，盖出于史官；阴阳家者流，盖出于羲和之官；法家者流，盖出于理官；名家者流，盖出于礼官；墨家者流，盖出于清庙之守；纵横家者流，盖出于行人之官；杂家者流，盖出于议官；农家者流，盖出于农稷之官；小说家者流，盖出于

稗官。

此诸子出于王官之证，惟其各为一官，守法奉职，故彼此不必相通。《庄子·天下篇》云"譬如耳目鼻口，皆有所明，不能相通"是也。亦有兼学二术者，如儒家多兼纵横，法家多兼名，此表里一体，互为经纬者也。若告子之兼学儒墨，则见讥于孟氏。而墨子亦谓告子为仁，譬犹跂以为长，隐以为广，其弟子请墨子弃之（见《墨子·公孟篇》）。进退失据，两无所容，此可为调和者之戒矣。

今略论各家如左。

一论儒家。《周礼·太宰》言"儒以道得民"，是儒之得称久矣。司徒之官，专主教化，所谓三物化民。三物者，六德、六行、六艺之谓。是故孔子博学多能，而教人以忠恕。

虽然，有商订历史之孔子，则删定"六经"是也。有从事教育之孔子，则《论语》、《孝经》是也。由前之道，其流为经师；由后之道，其流为儒家。《汉书》以周、秦、汉初诸经学家，录入《儒林传》中；以《论语》、《孝经》诸书，录入《六艺略》中。此由汉世专重经术，而儒家之荀卿又为《左氏》、《穀梁》、《毛诗》之祖。此所以不别经、儒也。若在周、秦，则固有别。且如儒家巨子李克、宁越、孟子、荀卿、鲁仲连辈，皆为当世显人。而《儒林传》所述传经之士，大都载籍无闻，莫详行事。

盖儒生以致用为功，经师以求是为职。虽今文、古文所持有异，而在周、秦之际，通经致用之说未兴，惟欲保残守缺，以贻子孙，顾于世事无与。故荀卿讥之曰：鄙夫"好其实，不恤其文，是以终身不免埤污庸俗。故《易》曰'括囊，无咎无誉'，腐儒之谓也。"(见《非相篇》)此云"腐儒"，即指当世之经师也。由今论之，则犹愈于汉世经师言"取青紫如拾芥"，较之战国儒家亦为少愈，以其淡于荣利云尔。

儒家之病，在以富贵利禄为心。盖孔子当春秋之季，世卿秉政，贤路壅塞，故其作《春秋》也，以非世卿见志(公羊家及左氏家张敞，皆有其说)。其教弟子也，惟欲成就吏材，可使从政。而世卿既难猝去，故但欲假借事权，便其行事。是故终身志望，不敢妄希帝王，惟以王佐自拟。观荀卿《儒效篇》云："大儒者，天子、三公也(杨注：其才堪王者之佐也)；小儒者，诸侯、大夫、士也；众人者，工、农、商、贾也。"是则大儒之用，无过三公，其志亦云卑矣！孔子之讥丈人，谓之"不仕无义"。孟子、荀卿皆讥陈仲；一则以为无亲戚、君臣、上下；一则以为"盗名不如盗货"(见《荀子·不苟篇》)。而荀子复述太公诛华仕事(见《宥坐篇》)，由其不臣天子，不友诸侯(见《韩非子·外储说右上》)。是儒家之湛心荣利，较然可知。所以者何？苦心力学，约处穷身，必求得雠，而后意慊。故曰"沽之哉，沽之哉！"不沽，则吾道穷矣！

《艺文志》说儒家云："辟者，随时抑扬，违离道本，苟以哗众取宠"。不知哗众取宠，非始辟儒，即孔子固已如是。庄周述盗跖之言曰："鲁国巧伪人孔丘，不耕而食，不织而衣，摇唇鼓舌，擅生是非，以迷天下之主，使天下学士不反其本，妄作孝弟，而徼幸于封侯富贵者也。"此犹曰道家诋毁之言也。而微生亩与孔子同时，已讥其佞，则儒者之真可见矣。

孔子干七十二君，已开游说之端。其后儒家率多兼纵横者(见下)。其自为说曰："无可无不可。"又曰："可与立，未可与权。"又曰："君子之中庸也，君子而时中。"孟子曰："孔子，圣之时者也。"荀子曰："君子时绌则绌，时伸则伸也。"(见《仲尼篇》)然则孔子之教，惟在趋时，其行义从时而变。故曰："言不必信，行不必果。"如《墨子·非儒下篇》讥孔子曰：

> 孔丘穷于蔡、陈之间，藜羹不糁十日。子路为烹豚，孔丘不问肉之所由来而食；褫人衣以酤酒，孔丘不问酒之所由来而饮。哀公迎孔丘，席不端弗坐，割不正弗食。子路进，请曰："何其与陈、蔡反也？"孔丘曰："来，吾语

女！曩与女为苟生，今与女为苟义。"夫饥约则不辞妄取
以活身，赢饱伪行以自饰，污邪诈伪，孰大于此？

其诈伪既如此，及其对微生亩也，则又以"疾固"自文。此犹叔孙
通对鲁两生曰"若真鄙儒，不知时变"也。

所谓中庸，实无异于乡愿。彼以乡愿为贼而讥之。夫一乡皆称
愿人，此犹没身里巷，不求仕宦者也。若夫"逢衣浅带，矫言伪
行，以迷惑天下之主"，则一国皆称愿人。所谓中庸者，是国愿
也，有甚于乡愿者也。孔子讥乡愿，而不讥国愿，其湛心利禄，又
可知也。

君子"时中"、"时伸"、"时绌"，故道德不必求其是，理想
亦不必求其是，惟期便于行事则可矣。用儒家之道德，故艰苦卓厉
者绝无，而冒没奔竞者皆是。俗谚有云："书中自有千钟粟。"此儒
家必至之弊。贯于征辟、科举，学校之世，而无乎不遍者也。用儒
家之理想，故宗旨多在可否之间，论议止于函胡之地。彼耶稣教、
天方教崇奉一尊，其害在堵塞人之思想；而儒术之害，则在淆乱人
之思想。此程、朱、陆、王诸家所以有权而无实也。

虽然，孔氏之功则有矣。变机祥神怪之说而务人事，变畴人世
官之学而及平民，此其功亦复绝千古。二千年来，此事已属过去，

独其热中竞进在耳。

次论道家。道家老子，本是史官，知成败祸福之事悉在人谋，故能排斥鬼神，为儒家之先导；（道家，如老、庄辈，皆无崇信鬼神之事，列子稍近神仙，亦非如汉世方士所为也。《老子》"谷神不死，是谓玄牝"等语，未知何指。道士依傍其说，推为教祖，实与老子无与。）亦以怵于利害，胆为之怯，故事事以卑弱自持。所云"无为权首，将受其咎"，"人皆取先，己独取后"者，实以表其胆怯之征。

盖前世伊尹、太公之属（汉《艺文志》道家有《伊尹》五十一篇，《太公》二百三十七篇），皆为辅佐，不为帝王。学老氏之术者，周时有范蠡，汉初有张良，其位置亦相类，皆惕然于权首之戒者也。孔子受学老聃，故儒家所希只在王佐，可谓不背其师说矣。

老子非特不敢为帝王，亦不敢为教主，故云："'强梁者不得其死。'吾将以为教父。"大抵为教主者，无不强梁，如释迦以勇猛无畏为宗，尊曰"大雄"，亦曰"调御"；而耶稣、穆罕默德辈，或称帝子，或言天使，遇事奋迅，有憨不畏死之风；此皆强梁之最也。老子胆怯，自知不堪此任，故云"人之所教，我亦教之"，如是而已。

然天下惟胆怯者权术亦多。盖力不能取，而以智取，此事势之必然也。老子云"道法自然"。太史论老、庄诸子，以为"归于自然"。自然者，道家之第一义谛。由其博观史事，而知生存竞争，自然进化，故一切以放任为主。虽然，亦知放任之不可久也，群龙无首，必有以提倡之，又不敢以权首自居，是故去力任智，以诈取人，使彼乐于从我。故曰："善为道者，非以明民，将以愚之"；"弱之胜强，柔之胜刚，天下莫不知"。老氏学术，尽于此矣。

虽然，老子以其权术授之孔子，而征藏故书，亦悉为孔子诈取。孔子之权术，乃有过于老子者。孔学本出于老，以儒道之形式有异，不欲崇奉以为本师，（亦如二程之学，本出濂溪，其后反对佛老，故不称周先生，直称周茂叔而已。东原之学，本出婺源，其后反对朱子，故不称江先生，直称吾郡老儒江慎修而已。）而惧老子发其覆也，于是说老子曰："乌鹊孺，鱼傅沫，细要者化，有弟而兄啼。"（见《庄子·天运篇》，意谓已述六经，学皆出于老子，吾书先成，子名将存，无可如何也。）老子胆怯，不得不曲从其请；逢蒙杀羿之事，又其素所怵惕也。胸有不平，欲一举发，而孔氏之徒，遍布东夏。吾言朝出，首领可以夕断。于是西出函谷，知秦地之无儒，而孔氏之无如我何，则始著《道德经》，以发其覆。借令其书早出，则老子必不免于杀身，如少正卯在鲁，与孔子并，孔子之门"三盈三虚"（见《论衡·讲瑞篇》），犹以争名致戮，而况老子之陵驾其上者乎？呜呼！观其师徒之际，忌刻如此，则其心术可知；其流毒之中人，亦可知矣。

庄子晚出，其气独高，不惮抨弹前哲。愤奔走游说之风，故作《让王》以正之。恶智力取攻之事，故作《胠箧》以绝之。其术似与老子相同，其心乃与老子绝异。故《天下篇》历叙诸家，已与关尹、老聃裂分为二。其褒之以"至极"，尊之以"博大真人"者，以其自然之说，为己所取法也。其裂分为二者，不欲以老子之权术自污也。

或谓子夏传田子方，田子方传庄子，是故庄子之学，本出儒家。其说非是。《庄子》所述如庚桑楚、徐无鬼、则阳之徒多矣，岂独一田子方耶？以其推重子方，遂谓其学所出必在于是，则徐无鬼亦庄子之师耶？南郭子綦之说为庄子所亟称，彼亦庄子师耶？

次论墨家。墨家者，古宗教家，与孔、老绝殊者也。儒家公孟言"无鬼神"（见《墨子·公孟篇》）。道家老子言"以道莅天下，其鬼不神"。是故儒、道皆无宗教。儒家后有董仲舒，明求雨禳灾之术，似为宗教；道家则由方士妄托，为近世之道教；皆非其本旨也。

惟墨家出于清庙之守，故有《明鬼》三篇，而论道必归于天志，此乃所谓宗教矣。兼爱、尚同之说，为孟子所非，非乐、节葬之义，为荀卿所驳。其实墨之异儒者，并不止此。盖非命之说，为墨家所独胜。儒家、道家，皆言有命。其善于持论者，神怪妖巫之事，一切可以摧陷廓清，惟命则不能破。如《论衡》有《命禄》、《气寿》、《幸遇》、《命义》等篇是也。

其《命义篇》举儒、墨对辩之言曰：

墨家之论，以为人死无命；儒家之议，以为人死有命。言有命者，见子夏言"死生有命，富贵在天"。言无命者，闻历阳之都，一宿沈而为湖；秦将白起坑赵降卒于长平之下，四十万众同时皆死。春秋之时，败绩之军，死者蔽草，尸且万数；饥馑之岁，饿者满道，温气疫疠，千户灭门。如必有命，何其秦、齐同也？言有命者曰："夫天下之大，人民之众，一历阳之都，一长平之坑，同命俱死，未可怪也！命当溺死，故相聚于历阳；命当压死，故相积于长平。"犹高祖初起，相工入丰、沛之邦，多封侯之人矣，未必老少男女俱贵而有相也。卓跞时见，往往皆然。而历阳之都，男女俱没，长平之坑，老少并陷，万数之中，必有长命未当死之人；遭时衰微，兵革并起，不得终其寿。人命有长短，时有盛衰，衰则疾病，被灾蒙祸之验也。宋、卫、陈、郑同日并灾，四国之人，必有禄盛未当衰之人，然而俱灾，国祸临之也。故国命胜人命，寿命胜禄命。

凡言禄命，而能成理者，以此为胜。

虽然，命者孰为之乎？命字之本，固谓天命。儒者既斥鬼神，则天命亦无可立。若谓自然之数，数由谁设？更不得其征矣！然墨子之非命，亦仅持之有故，未能言之成理也。特以有命之说，使人偷惰，故欲绝其端耳。其《非命下篇》曰："今天下之君子之为文学出言谈也，非将勤能其颊舌，而利其唇吻也，中实将欲其国家邑里万民刑政者也。今王公大臣……若信有命而致行之，则必怠乎听狱治政矣；卿大夫必怠乎治官府矣；农夫必怠乎耕稼树艺矣；妇人必怠乎纺绩织纴矣。"是故非命者，不必求其原理，特谓于事有害而已。

夫儒家不信鬼神，而言有命，墨家尊信鬼神，而言无命，此似自相刺缪者。不知墨子之非命，正以成立宗教。彼之尊天右鬼者，谓其能福善祸淫耳。若言有命，则天鬼为无权矣。卒之盗跖寿终，伯夷饿夭，墨子之说，其不应者甚多，此其宗教所以不能传久也。又凡建立宗教者，必以音乐庄严之具感触人心，使之不厌，而墨子贵俭非乐，故其教不能逾二百岁（秦、汉已无墨者）。虽然，墨子之学诚有不逮孔、老者，其道德则非孔、老所敢窥视也。

次论阴阳家。阴阳家亦属宗教，而与墨子有殊观。《墨子·贵义篇》云：

> 子墨子北之齐，遇日者。日者曰："帝以今日杀黑龙于北方，而先生之色黑，不可以北。"子墨子不听，遂北，至淄水，不遂而返焉。日者曰："我谓先生不可以北！"子墨子曰："南人不得北，北人不得南，其色有黑者，有白者，何故皆不遂也？且帝以甲乙杀青龙于东方，以丙丁杀赤龙于南方，以庚辛杀白龙于西方，以壬癸杀黑龙于北方，以戊己杀黄龙于中方，若用子之言，则是禁天下之行者也。"

盖墨家言宗教，以善恶为祸福之标准，阴阳家言宗教，以趋避为祸福之标准，此其所以异也。

或疑《七略》以阴阳家录入诸子，而"数术"自为一略，二者何以相异？答曰：以今论之，实无所异，但其理有浅深耳。盖数术诸家皆繁碎占验之辞，而阴阳家则自有理论，如《邹子》四十九篇，《邹子终始》五十六篇，《邹奭子》十二篇。观《史记·孟荀列传》所述，邹衍之说，穷高极深，非专术家之事矣。《南公》三十六篇，即言"楚虽三户,亡秦必楚"者,是为预言之图谶,亦与常占有异。如扬雄之《太玄》、司马光之《潜虚》、邵雍之《皇极经世》、黄道周之《三易洞玑》,皆应在阴阳家,而不应在儒家六艺家。此与蓍龟形法之属,高下固殊绝矣。

次论纵横家。纵横家之得名,因于从人横人。以六国抗秦为从,以秦制六国为横。其名实不通于异时异处。《汉志》所录,汉有《蒯子》五篇、《邹阳》七篇。蒯劝韩信以三分天下鼎足而居;邹阳仕梁,值吴、楚昌狂之世,其书入于纵横家,亦其所也。其他,《秦零陵令信》一篇,《主父偃》二十八篇,《徐乐》一篇,《庄安》一篇,《待诏金马聊苍》一篇。身仕王朝,复何纵横之有?然则纵横者,游说之异名,非独外交颛对之事也。

儒家者流,热中趋利,故未有不兼纵横者,如《墨子·非儒下篇》记孔子事,足以明之:

> 孔丘之齐,见景公。景公欲封之以尼谿。晏子曰:"不可。"于是厚其礼,留其封,敬见而不问其道。孔丘乃恚怒于景公与晏子,乃树鸱夷子皮于田常之门,告南郭惠子以所欲为,归于鲁。有顷间,齐将伐鲁。告子贡曰:"赐乎!举大事于今之时矣。"乃遣子贡之齐,因南郭惠

子以见田常，劝之伐吴。以教高、国、鲍、晏，使毋得害
田常之乱。

《越绝书·内传·陈成恒篇》亦记此事，云："子贡一出，存鲁、乱
齐、破吴、强晋、霸越。"是则田常弑君，实孔子为之主谋。沐浴
请讨之事，明知哀公不听，特借此以自文。此为诈谖之尤矣。便辞
利口，复邦乱家，非孔子、子贡为之倡耶？《庄子·胠箧》云："田
成子一旦杀齐君而盗其国，所盗者岂独其国耶？并举其圣知之法而
盗之。"故"窃钩者诛，窃国者为诸侯。诸侯之门，而仁义存
焉。"此即切齿腐心于孔子之事也。

　　自尔以来，儒家不兼纵横，则不能取富贵。余观《汉志》"儒
家"所列，有《鲁仲连子》十四篇，《平原君》七篇，《陆贾》二十
三篇，《刘敬》三篇，《终军》八篇，《吾丘寿王》六篇，《庄助》四
篇。此外，则有郦生，汉初谒者，称为大儒。而其人皆善纵横之
术。其关于外交者，则鲁仲连说辛垣衍，郦生说田横，陆贾、终
军、严助谕南越是也。其关于内事者，则刘敬请都关中是也。吾丘
寿王在武帝前，"智略辐凑"，传中不言其事。寿王既与主父偃、
徐乐、庄助同传，其行事实相似。而平原君朱建者，则为辟阳侯审
食其事，游说嬖人，其所为愈卑鄙矣。纵横之术，不用于国家，则

用于私人，而持书求荐者，又其末流。曹丘通谒于季布，楼护传食于五侯。降及唐世，韩愈以儒者得名，亦数数腾言当道，求为援手。乃知儒与纵横，相为表里，犹手足之相支，毛革之相附也。宋儒稍能自重。降及晚明，何心隐辈又以此术自豪，及满洲而称理学者，无不习揣阖，知避就矣。孔子称："达者，察言观色，虑以下人"，"闻者，色取行违，居之不疑"。由今观之，则闻者与纵横稍远，而达者与纵横最近。达固无以愈于闻也。程、朱末流，惟是闻者，陆、王末流，惟是达者。至于今日所谓名巨大儒，则闻达兼之矣。

若夫纵人横人之事，则秦皇一统而后，业已灭绝。故《隋书·经籍志》中，惟存《鬼谷》三卷。而梁元帝所著《补阙子》与《湘东鸿烈》二书，不知其何所指也？

次论法家。法家者，略有二种，其一为"术"，其一为"法"。《韩非子·定法篇》曰："申不害言术，而公孙鞅为法。术者，因任而授官，循名而责实，操杀生之柄，课群臣之能者也，此人主之所执也。法者，宪令著于官府，刑罚必于民心，赏存乎慎法，而罚加乎奸令者也，此臣之所师也。"

然为术者，则与道家相近；为法者，则与道家相反。《庄子·天下篇》说慎到之术曰："椎拍辐断，与物宛转"，"推而后行，曳而后往。若飘风之还，若羽之旋，若磨石之隧。全而无非，动静无过，未尝有罪。"此老子所谓"圣人无常心，以百姓心为心"也。此为术者与道家相近也。老子言："民不畏死，奈何以死惧之？"太史公《酷吏列传》亦引"法令滋章，盗贼多有"之说，而云"法令者，治之具，而非制治清浊之源"。此为法者与道家相反也。

亦有兼任术法者，则管子、韩非是也。《汉志》、《管子》列于道家，其《心术》、《白心》、《内业》诸篇，皆其术也。《任法》、《法禁》、《重令》诸篇，皆其法也。韩非亦然。《解老》、《喻老》本为道家学说。少尝学于荀卿，荀卿隆礼义而杀《诗》、《书》。经礼三百，固周之大法也。韩非合此二家，以成一家之说，亦与管子相类。(惟《管子·幼官》诸篇，尚兼阴阳，而韩非无此者。则以时代不同也。)后此者惟诸葛亮专任法律，与商君为同类。故先主遗诏令其子读《商君书》(见裴松之《三国志》注引《诸葛亮集》)，知其君臣相合也。其后周之苏绰，唐之宋璟，庶几承其风烈。

然凡法家必与儒家、纵横家反对。惟荀卿以儒家大师，而法家韩、李为其弟子。则以荀卿本意，在杀诗书，固与他儒有别。韩非以法家而作《说难》，由其急于存韩，故不得不兼纵横耳。其他则与儒家纵横家，未有不反唇相讥者。《商君·外内篇》曰："奚谓淫道？为辩知者贵，游宦者任，文学私名显之谓也。"此兼拒儒与纵横之说也。《靳令篇》曰："六虱：曰礼、乐；曰诗、书；曰修善；曰孝弟；曰诚信；曰贞廉；曰仁义；曰非兵；曰羞战。"此专拒儒家之说也。《韩非·诡使篇》曰："守度奉量之士，欲以忠婴上而不得见；巧言利辞，行奸轨以幸偷世者数御。"《六反篇》曰："游居厚养，牟食之民也，而世尊之曰有能之士；语曲牟知，伪诈之民也，而世尊之曰辩智之士。"此拒纵横家之说也。《五蠹篇》曰："儒以文乱法，侠以武犯禁。"《显学篇》曰："藏书策，习谈论，聚徒役，服文学而议说，世主必从而礼之。""国平则养儒侠，难至则用介士，所养者非所用，所用者非所养，此所以乱也。"此拒儒家之说也。《五蠹篇》曰："明主之国。无书简之文，以法为教；无先王之语，以吏为师。"此拒一切学者之说也。

至汉公孙弘、董仲舒辈，本是经师，其时经师与儒已无分别。弘习文法吏事，而缘饰以儒术。仲舒为《春秋决狱》二百三十二事，以应廷尉张汤之问。儒家法家于此稍合。自是以后，则法家专与纵横家为敌。严助、伍被，皆纵横家。汉武欲薄其罪，张汤争而诛之。主父偃亦纵横家，汉武欲勿诛，公孙弘争而诛之。而边通学短长之术，亦卒潜杀张汤。诸葛治蜀，赏信必罚，彭羕、李严皆纵横之魁桀，故兼诛而严流。其于儒者则稍稍优容之，盖时诎则诎，能俯首帖耳于法家之下也。

　　然儒家、法家、纵横家，皆以仕宦荣利为心。惟法家执守稍严，临事有效。儒家于招选茂异之世，则习为纵横；于综核名实之世，则毗于法律。纵横是其本真。法律非所素学。由是儒者自耻无用，则援引法家以为己有。南宋以后，尊诸葛为圣贤，亦可闵已。然至今日，则儒、法、纵横殆将合而为一也。

　　次论名家。名家之说，关于礼制者，则所谓"刑名从商，爵名从周，文名从礼"也。关于人事百物者，则所谓"散名之加于万物者，则从诸夏之成俗曲期"也。《庄子·天下篇》云："《春秋》以道名分"，非特褒贬损益而已。《穀梁传》曰："陨石于宋，五。先陨而后石，何也？陨而后石也。于宋，四竟之内曰宋。后数，散辞也，耳治也。""六鹢退飞过宋都。先数，聚辞也，目治也。"石、鹢且犹尽其辞，而况于人乎？说曰："陨石，记闻也，闻其磌然，视之则石，察之则五"；"六鹢退飞，记见也，视之则六，察之则鹢，徐而察之则退飞"。是关于"散名"者也。凡正名者，亦非一家之术，儒、道、墨、法必兼是学，然后能立能破。故儒有荀子《正名》，墨有《经说》上下，皆名家之真谛，散在余子者也。

　　若惠施、公孙龙辈，专以名家著闻；而苟为钔析者多，其术反同诡辩。故先举儒家《荀子·正名》之说，以征名号。其说曰：

何缘而以同异？曰：缘天官。凡同类同情者，其天官之意物也同，故比方之疑似而通。是所以共其约名以相期也。形体、色理，以目异。声音清浊、调竽奇声，以耳异。甘、苦、咸、淡、辛、酸、奇味，以口异。香、臭、芬、郁、腥、臊、洒、酸、奇臭，以鼻异。疾、养、沧、热、滑、铍、轻、重，以形体异。说、故、喜、怒、哀、乐、爱、恶、欲，以心异。心有征知。征知，则缘耳而知声可也，缘目而知形可也。然而征知必将待天官之当簿其类然后可也。五官簿之而不知，心征之而无说，则人莫不然谓之不知。此所缘而以同异也。

然后随而命之。同则同之，异则异之。单足以喻则单；单不足以喻则兼；单与兼无所相避则共。虽共，不为害矣。……故万物虽众，有时而欲遍举之，故谓之物。物也者，大共名也。推而共之，共则有共，至于无共然后止。有时而欲遍举之，故谓之鸟兽。鸟兽者，大别名也。推而别之，别则有别，至于无别然后止。……物有同状而异所者，有异状而同所者，可别也。状同而为异所者，虽可合，谓之二实。状变而实无别而为异者，谓之化；有化而无别，谓之一实。此事之所以稽实定数也。此制名之枢要也。

按此说同异何缘？曰缘天官。中土书籍少言缘者，故当征之佛书。大凡一念所起，必有四缘：一曰因缘，识种是也。二曰所缘缘，尘境是也。三曰增上缘，助伴是也。四曰等无间缘，前念是也。

缘者是攀附义。此云缘天官者：五官缘境，彼境是所缘缘；心缘五官见分，五官见分是增上缘，故曰"缘耳而知声可也，缘目而知形可也"。五官非心不能感境，故同时有五俱意识为五官作增上缘。心非五官，不能征知，故复借五官见分为心作增上缘。

五官感觉，惟是现量。故曰"五官簿之而不知"。心能知觉，兼有非量、比量。初知觉时，犹未安立名言，故曰"心征之而无说"。征而无说，人谓其不知，于是名字生焉。

大抵起心分位，必更五级。其一曰：作意，此能警心令起。二曰：触，此能令根（即五官）、境、识三，和合为一。三曰受，此能领纳顺违俱非境相。四曰想，此能取境分齐。五曰思，此能取境本因。

作意与触，今称动向。受者今称感觉，想者今称知觉，思者今称考察。初起名字，惟由想成，所谓口呼意呼者也。继起名字，多由思成，所谓考呼者也。凡诸别名，起于取象，故由想位口呼而成。凡诸共名，起于概念，故由思位考呼而成。

同状异所，如两马同状而所据方分各异。异状同所，如壮老异状而所据方分是同。不能以同状异所者谓为一物；亦不能以异状同所者谓为二物。然佛家说六种言论，有云众法聚集言论者，谓于色、香、味、触等事和合差别，建立宅、舍、瓶、衣、车、乘、军、林、树等种种言论。有云非常言论者，或由加行，谓于金段等起诸加行，造环钏等异庄严具，金段言舍，环钏言生；或由转变，谓饮食等于转变时，饮食言舍，便秽言生。（见《瑜伽师地论》）然则同状异所者，物虽异而名可同，聚集万人则谓之师矣。异状同所者，物虽同而名可异，如卵变为鸡，则谓之鸡矣。荀子未言及此，亦其鉴有未周也。

次举《墨经》以解因明，其说曰：

> 故，所得而后成也。（《经》上）小故，有之不必然，无之必不然，体也，若有端。大故，有之必无然。若见之成见也。体，若二之一，尺之端也。（《经说》上）

荀子惟论制名，不及因明之术，要待《墨子》而后明之。何谓因明？谓以此因，明彼宗旨。佛家因明之法，宗、因、喻三，分为三支。于喻之中，又有同喻、异喻。同喻异喻之上，各有合离之言词，名曰喻体。即此喻语，名曰喻依。如云：声是无常（宗），所作性故（因）。凡所作者皆是无常，同喻如瓶；凡非无常者皆非所作，异喻如太空（喻）。

墨子之"故"，即彼之"因"，必得此因，而后成宗。故曰："故，所得而后成也。"小故，大故，皆简因喻过误之言。云何小故？谓以此大为小之"因"。盖凡"因"较宗之"后陈"，其量必减。如，以所作成无常，而无常之中，有多分非所作者，若海市、电光无常起灭，岂必皆是所作？然凡所作者，则无一不是无常。是故无常量宽，所作量狭。今此同喻合词，若云凡无常者皆是所作，则有倒合之过。故曰："有之不必然。"谓有无常者，不必皆是所作也。然于异喻离词，若云凡非无常者皆非所作，则为无过。故曰："无之必不然。"谓无无常者，必不是所作也。以体喻宽量，以端喻狭量，故云："体也，若有端。"

云何大故？谓以此大为彼大之因。如云声是无常，不遍性故。不遍之与无常，了不相关，其量亦无宽狭。既不相关，必不能以不遍之因，成无常之宗。故曰："有之必无然。"二者同量，若见与见，若尺之前端后端。故曰："若见之成见也"，"体，若二之一，尺之端也"。

近人或谓印度三支，即是欧洲三段。所云宗者，当彼断按。所云因者，当彼小前提。所云同喻之喻体者，当彼大前提。特其排列逆顺，彼此相反，则由自悟悟他之不同耳。然欧洲无异喻，而印度有异喻者，则以防其倒合；倒合则有减量换位之失，是故示以离法，而此弊为之消弭。村上专精据此以为因明法式长于欧洲。乃墨子于小故一条，已能知此，是亦难能可贵矣。若鸡三足、狗非犬之类，诡辩繁辞，今姑勿论。

次论杂家。杂家者，兼儒墨，合名法，见王治之无不贯。此本出于议官彼此异论，非以调和为能事也。《吕氏春秋》、《淮南·内篇》，由数人集合而成，言各异指，固无所害。及以一人为之，则漫羡无所归心。此《汉志》所以讥为荡者也。

《韩非子·显学篇》曰："墨者之葬也，冬日冬服，夏日夏服，桐棺三寸，服丧三月，世主以为俭而礼之。儒者破家而葬，服丧三年，大毁扶杖，世主以为孝而礼之。夫是墨子之俭，将非孔子之侈也；是孔子之孝，将非墨子之戾也。今孝、戾、侈、俭俱在儒、墨，而上兼礼之。

"漆雕之议，不色挠，不目逃，行曲则违于臧获，行直则怒于诸侯，世主以为廉而礼之。宋荣子之议，设不斗争，取不随仇，不羞圉圉，见侮不辱，世主以为宽而礼之。夫是漆雕之廉，将非宋荣之恕也；是宋荣之宽，将非漆雕之暴也。今宽、廉、恕、暴，俱在二子，人主兼而礼之。

"自愚诬之学、杂反之辞争，而人主俱听之。故海内之士言无定术，行无常议。夫冰炭不同器而久，寒暑不兼时而至，杂反之学不两立而治。今兼听杂学，缪行同异之辞，安得无乱乎！"

韩非说虽如是，然欲一国议论如合符节，此固必不可得者。学术进行，亦借互相驳难，又不必偏废也。至以一人之言，而矛盾自陷，俯仰异趋，则学术自此衰矣。东汉以来，此风最盛。章氏《文史通义》谓近人著作，"无专门可归者，率以儒家、杂家为蛇龙之菹。"信不诬也。

次论农家。农家诸书，世无传者。《氾胜之书》时见他书征引，与贾思勰之《齐民要术》、王桢之《农书》，义趣不异。若农家止于如此，则不妨归之方技，与医经、经方同列。然观《汉志》所述云："鄙者为之，以为无所事圣王，欲使君臣并耕，悖上下之序。"则许行所谓神农之言，犹有存者。《韩非·显学篇》云："今世之学士语治者，多曰：'与贫穷地，以实无资。'"是即近世均地主义。斯所以自成一家欤。

次论小说家。周、秦、西汉之小说，似与近世不同。如《周考》七十六篇、《青史子》五十七篇、《臣寿周纪》七篇、《虞初周说》九百四十三篇，与近世杂史相类。比于《西京杂记》、《四朝闻见录》等，盖差胜矣。贾谊尝引《青史》，必非谬悠之说可知。如《伊尹说》二十七篇，《鬻子说》十九篇，《宋子》十八篇，《待诏臣安成未央术》一篇，则其言又兼黄老。《庄子·天下篇》举宋钘、尹文之术列为一家，荀卿亦与宋子相难。今《尹文》入名家，而《宋子》只入小说，此又不可解者。以意揣之，"宋子上说下教，强聒不舍"（见《庄子·天下篇》），盖有意于社会道德者。所列黄老诸家，宜亦同此。街谈巷议，所以有益于民俗也。《笑林》以后，此指渐衰，非刍荛之议矣。

上来所述诸子，凡得十家。而《汉志》称九流者，彼云九家可观，盖小说特为附录而已。就此十家论之，儒道本同源而异流，与杂家、纵横家合为一类；墨家、阴阳家为一类；农家、小说家为一类；法家、名家各自独立，特有其相通者。

（《章太炎选集》，上海人民出版社，1981）